André STEIN

cuisiner à la COCOTTE-MINUTE et à l'AUTOCUISEUR

Alice et Alain SAULNIER

Photos : S.A.E.P. / J.L. SYREN

EDITIONS S.A.E.P.

68040 INGERSHEIM - COLMAR

Cocotte-Minute est une marque enregistrée, propriété de SEB.

✕	préparation très simple
✕✕	préparation facile
✕✕✕	préparation élaborée
○	peu coûteuse
○○	raisonnable
○○○	chère

Bien que maintenant très connu et d'une compréhension relativement simple, le fonctionnement de l'autocuiseur a été mis au point par une succession de physiciens.

On ne peut parler d'autocuiseur sans nommer Denis Papin qui, dès 1681, publia la première description de son "digesteur", ancêtre de notre autocuiseur.

Vers 1900 apparaissent les premiers autocuiseurs destinés à la cuisson des aliments. Après 1920 on trouve à Paris quelques modèles peu fiables et très coûteux. En 1927, Monsieur Hautier, ingénieur, dépose le premier brevet concernant un "cuiseur à basse pression contrôlée".

Après la Deuxième Guerre Mondiale, on fait enfin confiance en ce matériel.

En 1955 est rédigée la norme A.F.N.O.R. (certificat de contrôle des qualités) relative aux "appareils de cuisson rapide sans pression à chauffage indépendant. Norme D21351.

A l'heure actuelle, les appareils sont de plus en plus performants et sont très faciles à utiliser.

QU'EST-CE QU'UN AUTOCUISEUR ?

Selon la norme A.F.N.O.R., un autocuiseur est :

"Tout récipient, casserole ou marmite, de contenance nominale inférieure à 25 litres permettant de cuire les aliments en vase clos, à une ou des températures déterminées nettement supérieures à la température d'ébullition de l'eau, sans toutefois dépasser 125 °C."

La température intérieure de l'autocuiseur est de 112 °C à 125 °C, selon les modèles.

A ces températures, les temps de cuisson sont deux fois plus courts que les mêmes cuissons dans des récipients traditionnels.

A l'heure actuelle, 75 % des foyers français possèdent un autocuiseur et 80 % de ces gens l'utilisent au moins une fois par jour.

LES DIFFERENTS APPAREILS

Il existe différents modèles d'autocuiseurs d'une contenance nominale différente, allant de 3,5 l à 18 l. La contenance nominale est la contenance réelle de l'appareil indiquée par le fabricant. Dans la pratique, on utilise environ les 2/3 de cette contenance.

On trouve des appareils de forme ronde ou ovale.

En général, le corps de l'appareil est en inox ou en aluminium. Ceux en aluminium sont laqués, donc en couleur.

Tous les modèles sont équipés d'un panier permettant les cuissons à la vapeur.

Les appareils les plus performants sont maintenant équipés de minuterie et de commande de décompression progressive.

L'ensemble de ces appareils fonctionnent sur le gaz, l'électricité et les plaques vitrocéramiques, certains sont même prévus pour les plaques à induction.

ACHAT D'UN AUTOCUISEUR

En général, on conseille, pour une famille de :

- 2 à 3 personnes → une capacité de 4 à 6 l
- 4 à 5 personnes → une capacité de 7 à 8 l
- 5 personnes et plus → une capacité de 8 à 10 l.

Cette capacité est une indication, en fait elle varie selon la recette préparée. Certaines préparations incluent la viande et la garniture, d'autres non.

L'idéal serait d'avoir un deuxième autocuiseur plus petit pour les cuissons de dernière minute ou pour les garnitures.

Dans tous les cas, il faut choisir un autocuiseur d'après la source d'énergie utilisée. Certains sont spécialement étudiés pour les feux gaz, d'autres s'adaptent à tous les feux.

PRECAUTIONS D'EMPLOI

- Ne jamais placer l'autocuiseur vide sur le feu sans surveillance.
- Ne remplir l'appareil qu'aux 2/3.
- Bien nettoyer la soupape de fonctionnement et la soupape de sécurité après chaque utilisation.
- Laisser échapper la vapeur avant d'ouvrir le couvercle.
- Pour cuire les aliments produisant de l'écume, ne remplir l'appareil qu'au tiers de sa capacité pour éviter l'obturation des soupapes de sécurité (légumes secs, riz, etc.). Procéder de même pour les viandes grasses (confit d'oie).
- Avant la première utilisation, lire attentivement la notice d'emploi fournie par le constructeur.
- Se familiariser avec la manipulation du système de fermeture-ouverture.

VOCABULAIRE

Fermer : opération qui consiste à couvrir hermétiquement votre autocuiseur afin que se produise la pression à l'intérieur.

Cuire doucement : chauffage réduit, c'est-à-dire ébullition modérée.

Cuire à feu vif : chauffage rapide, c'est-à-dire ébullition forte.

FONCTIONNEMENT DE L'AUTOCUISEUR

I Bien fermer l'autocuiseur.

II Faire chauffer le plus rapidement possible jusqu'à la mise en rotation de la soupape.

III Réduire la source de chaleur pour laisser simplement un petit sifflement au niveau de la soupape (pour les cuisson à feu vif, il faut que le sifflement soit un peu plus fort). C'est à partir de ce moment qu'il faut prendre en compte le temps de cuisson.

IV A la fin de la cuisson, éteindre le feu, évacuer la vapeur avant d'ouvrir l'autocuiseur. L'ouverture doit s'effectuer facilement. Sur les plaques électriques traditionnelles, on peut éteindre quelques minutes avant la fin de la cuisson.

Il est possible de placer l'autocuiseur, dès la cuisson terminée, sous un filet d'eau froide afin de condenser la vapeur. Ceci évite la formation de buée et les odeurs. Ensuite, retirer la soupape et ouvrir.

ENTRETIEN

En fin d'utilisation, toujours vider votre autocuiseur. Laver le corps et le couvercle avec un liquide vaisselle. Attention de ne pas rayer l'extérieur en frottant avec un grattoir trop fort. Pour le couvercle, il faut prendre des précautions pour ne pas abîmer le joint ni obstruer les systèmes de sécurité.

Si les aliments ont attaché, faire tremper à l'eau froide.

Pour le rangement, ne pas fermer l'autocuiseur. Poser le couvercle à l'envers en laissant l'air circuler (cela évite les odeurs).

Il ne faut jamais intervenir soi-même sur les dispositifs de sécurité. Si vous constatez une anomalie, faites vérifier votre appareil par le service après-vente concerné.

PARTICULARITES DE LA CUISSON EN AUTOCUISEUR

- La cuisson est extrêment rapide.
- La quantité de liquide est toujours très réduite, d'où une nette diminution de toutes les pertes vitaminiques par dissolution.
- La cuisson se fait à l'abri de l'air, d'où une moindre oxydation de la vitamine C.

QUAND UTILISER L'AUTOCUISEUR ?
POUR QUEL TYPE D'ALIMENTS ?

Il faut bien connaître les caractéristiques de l'appareil et ses possibilités pour l'exploiter en conséquence.

La caractéristique dominante de l'autocuiseur est de pouvoir effectuer rapidement une cuisson dite "longue".

C'est en partant de cela qu'il faut savoir ce qu'on y fera cuire et de quelle façon.

CHOIX DE L'ALIMENT :

L'autocuiseur fait merveille pour tous les aliments qui demandent une cuisson longue :

- morceaux de viande à bouillir, à braiser ;
- légumes secs ;
- tous les plats mijotés (potées).

Il convient parfaitement pour les cuissons à la vapeur :

- légumes ;
- poissons ;
- volailles.

Il est moins utile pour :

- les viandes rouges rôties ;
- les poissons auxquels on applique des cuissons "à court-mouillement" (filets de sole).

LES CUISSONS A L'AUTOCUISEUR

Cuisson à l'eau :

L'aliment à cuire peut être plongé dans l'eau froide (préparation d'un bouillon très aromatisé) ou dans l'eau bouillante (c'est l'aliment lui-même que l'on souhaite consommer).

L'autocuiseur est alors fermé soigneusement et placé sur feu vif. Dès que la soupape commence à tourner, réduire la source de chaleur et laisser cuire le temps nécessaire.

Cuire à l'eau :
- viande (bœuf, veau, mouton, par ex.) de 2e et 3e catégories ;
- petit salé, saucisses, saucissons, jambon ;
- volailles ;
- légumes et fruits frais, légumes secs.

Cuisson à la vapeur :

Il n'y a pas de contact entre l'eau et l'aliment. C'est la chaleur de l'atmosphère saturée de vapeur qui va le cuire.

Les aliments à cuire sont placés dans le panier. Verser une petite quantité d'eau froide au fond de l'autocuiseur, poser le panier. Fermer l'autocuiseur. Le reste des opérations est identique à celles de la cuisson à l'eau.

Cuire à la vapeur :
- presque tous les légumes frais ;
- quelques fruits frais.

Cuisson à l'étouffée :

C'est une cuisson longue, mijotée, qui associe la cuisson à l'eau et la cuisson à la vapeur. Le résultat est un plat à la saveur agréable.

Faire revenir les aliments dans un corps gras. Ajouter les aromates avec modération puis verser le liquide de cuisson (vin, bouillon, eau) chaud le long des parois. Fermer le couvercle, chauffer vivement puis cuire à très petit feu.

Pour certains aliments riches en eau, la cuisson peut s'effectuer sans liquide supplémentaire.

Cuire à l'étouffée :
- viandes de 2e et 3e catégories ;
- volailles ;
- légumes frais ;
- poissons à chair ferme (lotte, thon).

Cuisson en sauce :

La cuisson est proche de la cuisson à l'étouffée, mais il y a toujours une sauce.

Si sa préparation ne diffère guère de la cuisson précédente, il faut surveiller particulièrement les points suivants :

- temps de cuisson : il doit être exact, les aliments ne doivent être ni fermes, ni en purée ;
- l'assaisonnement : il doit être discret ;
- quantité de liquide : attention aux sauces trop claires.

Le ragoût doit mijoter à petit feu.

Cuire en sauce :
- viandes de 3e catégorie ;
- volailles ;
- gibiers ;
- abats ;
- poissons.

Les rôtis :

C'est une cuisson rapide, sans liquide de cuisson. Elle doit surtout s'appliquer aux viandes plus longues à rôtir : porc et agneau.

Faire revenir le rôti sur toutes ses faces dans un peu d'huile. Fermer le couvercle sans ajouter de liquide. Surveiller attentivement la soupape car très peu de vapeur s'en échappe.

Rôtir : rôti de veau, de porc.

REGLES DE CUISSON ESSENTIELLES POUR OBTENIR D'EXCELLENTS RESULTATS

L'autocuiseur est un appareil qui cuit rapidement :

- bien respecter les temps de cuisson, surtout pour les cuissons de 10 minutes et moins. En effet, les variations du temps de cuisson sur des durées très courtes peuvent être importantes.
- ne pas hésiter à utiliser une minuterie.
- avec l'habitude, on adapte les cuissons à sa convenance (les critères de résultat ne sont pas les mêmes pour tous).
- vous vous servirez donc des temps de cuisson comme base et vous les ajusterez à votre goût personnel.

L'autocuiseur est un appareil hermétiquement clos :

- bien contrôler les quantités d'aromates. En effet, en cuisant en vase clos, les aromates développent leur parfum d'une façon bien supérieure. Il faudra donc diminuer les quantités employées. Cela est particulièrement vrai pour le laurier du bouquet garni qui peut donner une saveur amère s'il y en a de trop. Là encore, c'est après avoir essayé que vous obtiendrez les résultats qui vous conviennent.

L'autocuiseur ne permet pas l'évaporation :

- ajouter uniquement le liquide nécessaire. En général, c'est la quantité de liquide que vous désirez trouver en fin de cuisson. Souvenez-vous, les professionnels disent "à bon saucier, courtes sauces". Pour les ragoûts et les braisés, utiliser beaucoup moins de liquide qu'en cuisant d'une façon traditionnelle.

Outil merveilleux pour redécouvrir la cuisine régionale et traditionnelle, vous serez tout à fait dans le vent en mijotant chez vous, grâce à votre autocuiseur, la nouvelle cuisine du terroir. Vous pourrez adapter toutes vos recettes en divisant les temps de cuisson par trois. Exemple : la cuisson du bourguignon ne sera plus que d'1 heure au lieu de 3 heures.

MIN.
ON/OFF
ELECTRONIC
TIMER

TEMPS DE CUISSON

POTAGES

Consommé	1 h	(p. 16)
Crème de lentilles	20 mn	(p. 16)
Garbure béarnaise	45 mn	(p. 18)
Potage Saint-Germain	20 mn	(p. 19)
Soupe au pistou	30 mn	(p. 21)
Soupe de courge	15 mn	(p. 20)
Soupe de marron	20 mn	(p. 20)
Soupe de poisson	20 mn	(p. 22)

COQUILLAGES ET POISSONS

Aile de raie	5 mn	(p. 39)
Anguille	10 mn	(p. 34)
Bouillabaisse	10 mn	(p. 41)
Bourride	17 mn	(p. 17)
Brandade	15 mn	(p. 15)
Calmar	20 mn	(p. 32)
Congre rôti	12 mn	
Lotte	10 mn	(p. 36)
Lotte à l'américaine	15 mn	(p. 36)
Matelote	25 mn	(p. 40)
Moules marinières	4 mn	(p. 32)
Saumon à la vapeur	15 mn	(p. 39)
Sole à la vapeur	5 mn	
Supions	40 mn	(p. 33)

VIANDES

Aiguillette de bœuf	1 h 30 mn	(p. 57)
Bäckeofe	1 h	(p. 59)
Blanquette de veau	28 mn	(p. 62)
Canard poêlé	23 mn	(p. 42)
Carré de veau	40 mn	(p. 62)
Choucroute	1 h	(p. 67)
Civet de lièvre	45 mn	(p. 50)
Confit d'oie	1 h	(p. 47)
Coq au vin	1 h	(p. 43)
Curry d'agneau	22 mn	(p. 71)
Estouffade de bœuf	35 mn	(p. 56)
Galantine	1 h 10 mn	(p. 26)
Goulash	1 h	(p. 56)
Grenadins de veau	20 mn	(p. 61)
Haricot de mouton	50 mn	(p. 70)
Irish stew	40 mn	(p. 70)
Jarret de veau	50 mn	(p. 64)
Langue de bœuf	50 mn	(p. 52)
Lapin à la moutarde	20 mn	(p. 49)
Navarin d'agneau	25 mn	(p. 73)
Osso-bucco	25 mn	(p. 65)
Paëlla	15 mn	(p. 48)
Palette à la diable	40 mn	(p. 68)
Poitrine farcie	50 mn	(p. 60)
Pot-au-feu	1 h	(p. 58)
Potée auvergnate	45 mn	(p. 68)
Poularde pochée	55 mn	(p. 44)
Poule au pot	25 mn /kg	
Poulet à la bière	20 mn	(p. 45)
Queue de bœuf	45 mn	(p. 53)
Râble de lièvre	20 mn	
Ragoût de veau	35 mn	(p. 64)

Les recettes en gras figurent dans l'ouvrage aux pages indiquées.

A L'AUTOCUISEUR

Rillettes	1 h	(p. 31)
Ris de veau	20 mn	(p. 54)
Rognons de veau	20 mn	(p. 54)
Rôti de chevreuil	30 mn /kg	
Rôti de porc	30 mn /kg	
Rôti de veau	25 mn /kg	
Salmis de faisan	25 mn	(p. 51)
Tripes	1 h	(p. 55)

LEGUMES

Artichaut	12 mn	(p. 76)
Asperges	5 mn	(p. 75)
Cardons	30 mn	(p. 76)
Carottes braisées	15 mn	
Chou rouge aux pommes	25 mn	(p. 78)
Chou-fleur	4 mn	
Choux de Bruxelles	5 mn	
Côtes de bette	8 mn	(p. 75)
Crosnes	6 mn	(p. 78)
Endives braisées	15 mn	(p. 80)
Epinards	20 mn	
Epis de maïs	30 mn	(p. 84)
Estouffade de bolets	25 mn	(p. 77)
Fenouil à la grecque	15 mn	(p. 24)
Fenouil à la provençale	15 mn	(p. 80)
Fèves tourangelles	6 mn	(p. 81)
Fonds d'artichaut à la crème	10 mn	(p. 74)
Haricots blancs	30 mn	(p. 82)
Haricots rouges	30 mn	(p. 82)
Laitues braisées	20 mn	(p. 84)
Lentilles	15 mn	
Marrons	10 mn	
Poireaux	8 mn	
Poireaux au vin blanc	7 mn	(p. 85)
Pois chiches	45 mn	(p. 25)
Pois mangetout	15 mn	(p. 85)
Pommes de terre en robe de chambre	10 à 12 mn	
Pommes de terre vapeur		
en rondelles	8 mn	
entières	12 mn	
Purée de céleri	10 mn	(p. 76)
Purée de pois cassés	30 mn	
Purée de potimarron	25 mn	(p. 86)
Ratatouille	25 mn	(p. 87)
Riz créole	6 mn	
Riz pilaf	6 mn	(p. 86)
Salsifis	20 mn	(p. 87)

DESSERTS

Crème caramel	7 mn	(p. 90)
Gâteau de riz	8 mn	(p. 93)
Pain au tapioca	15 mn	(p. 92)
Petits pains soufflés à la vapeur	5 mn	(p. 92)
Poires au vin	20 mn	(p. 88)
Pommes confites	10 mn	(p. 88)
Pudding diplomate	25 mn	(p. 91)

SEB
MADE IN FRANCE
NF

RECETTES

Consommé simple ✕ ○

Prép. : 25 mn. Cuiss. : 1 h.
4 pers.

800 g de gîte-gîte / 100 g de carottes / 100 g d'oignons / 100 g de poireau / 1 branche de céleri / 1 bouquet garni / 2 gousses d'ail / Poivre en grains / Clous de girofle / Sel.

Remplir la cocotte d'eau froide. Y plonger la viande. Porter à ébullition. Vider la cocotte, la nettoyer. Y replacer la viande lavée. Remouiller la viande à l'eau froide. Ajouter les légumes épluchés et coupés, le bouquet garni et l'assaisonnement. Fermer. Cuire doucement pendant 1 heure.

Passer le bouillon et le dégraisser. Vérifier l'assaisonnement.

Ce consommé peut se servir tel quel ou s'accompagner de pâte, riz, tapioca ou petits dés de légumes.

Crème de lentilles ✕ ○

Prép. : 15 mn. Cuiss. : 20 mn.
4 pers.

300 g de lentilles vertes / 40 g de beurre / 1 oignon / 1 bouquet garni / Cerfeuil / Sel.

Laver les lentilles à l'eau froide. Dans l'autocuiseur, faire fondre le beurre. Y faire suer l'oignon émincé.

Mouiller d'eau 5 cm au dessus des lentilles. Ajouter le bouquet garni. Fermer. Cuire 20 minutes. Saler en fin de cuisson.

Retirer le bouquet garni. Mixer.

Ajouter des pluches de cerfeuil au moment de servir.

Garbure béarnaise

Prép. : 30 mn. Cuiss. : 45 mn.
4 pers.

4 tranches de pain rassis / 300 g de haricots blancs / 400 g de pommes de terre / 100 g de carottes / 100 g de poireau / 100 g de navets / 1 oignon / 1 bouquet garni / 1 branche de céleri / 1 petit chou vert / 2 gousses d'ail / 1 cuisse d'oie confite / Sel, poivre.

Dans la cocotte, mettre 2 l d'eau, les haricots, les pommes de terre, les carottes, le poireau, les navets, l'oignon, le céleri, le tout épluché et coupé en dés. Ajouter le bouquet garni. Fermer. Cuire doucement 30 minutes.

Pendant ce temps couper le chou en lanières.

Arrêter la cuisson puis ajouter le chou, l'ail écrasé et le confit. Saler, poivrer. Remettre en cuisson pendant 15 minutes.

En fin de cuisson, désosser le confit et le couper en petits morceaux. Retirer le bouquet garni.

Poser les tranches de pain dans le soupière. Verser la garbure et servir aussitôt.

Potage cressonnière

Prép. : 20 mn. Cuiss. : 15 mn.
4 pers.

40 g de beurre / 200 g de poireau / 600 g de pommes de terre / 1 dl de crème / 1 botte de cresson / Pluches de cerfeuil / Sel.

Nettoyer le cresson. Garder quelques belles feuilles pour décorer.

Faire fondre le beurre dans la cocotte. Ajouter le poireau émincé. Mouiller. Saler. Amener à ébullition sans couvrir. Ajouter les pommes de terre épluchées et coupées en rondelles et le cresson. Fermer. Laisser cuire 15 minutes.

Mixer. Ajouter la crème. Pour servir, ajouter les feuilles de cresson préalablement blanchies. Parsemer de pluches de cerfeuil.

Potage Saint-Germain

Prép. : 15 mn. Cuiss. : 20 mn.
4 pers.

400 g de pois cassés / 40 g de beurre / 70 g de poitrine salée / 1 petit poireau / 1 carotte / 1 oignon / 1 bouquet garni / 1 gousse d'ail / Cerfeuil / Sel.

Faire blanchir les pois cassés. Les rafraîchir.

Eplucher les légumes et les émincer.

Dans l'autocuiseur, mettre le beurre et les légumes. Faire suer légèrement. Mouiller à l'eau. Ajouter les pois cassés, le bouquet garni, l'ail et le lard. Couvrir. Laisser cuire 20 minutes.

Retirer le bouquet garni et le lard. Assaisonner. Mixer le potage. Couper le lard en petits morceaux et le rajouter au potage. Porter à ébullition. Dresser et saupoudrer de pluches de cerfeuil.

On peut crèmer ce potage et l'accompagner de croûtons.

Soupe de courge au lait et à la crème

Prép. : 20 mn. Cuiss. : 15 mn.
4 pers.

1 kg de courge / 300 g de pommes de terre / 30 g de beurre / 1 dl de crème épaisse / 1 l de lait / Muscade / 4 tranches de pain de mie / Sel.

Dans la cocotte, mettre la courge et les pommes de terre épluchées et coupées en dés. Mouiller avec le lait. Saler. Ajouter une pincée de noix de muscade. Fermer. Cuire doucement pendant 15 minutes.

Pendant ce temps, couper le pain de mie en petits dés et les faire sauter au beurre.

Mixer la soupe et ajouter la crème. Porter à ébullition et servir aussitôt.

Soupe de marron

Prép. : 20 mn. Cuiss. : 20 mn.
4 pers.

300 g de marrons surgelés / 1 blanc de poireau / 1 oignon / 30 g de beurre / 50 g de céleri / 1 bouquet garni / 2 l de bouillon / 1 dl de crème / Sel, poivre.

Dans la cocotte, faire suer au beurre l'oignon, le poireau et le céleri émincés.

Ajouter les marrons et le bouquet garni. Mouiller avec le bouillon. Saler, poivrer. Couvrir et cuire pendant 20 minutes.

Retirer le bouquet garni. Mixer. Ajouter la crème. Porter à ébullition et servir aussitôt.

Peut se servir sur des tranches de pain grillé.

Soupe au pistou

Prép. : 30 mn. Cuiss. : 30 mn.
4 pers.

200 g de haricots verts / 100 g de poireau / 100 g de navets / 100 g de carottes / 100 g de céleri / 250 g de pommes de terre / 50 g d'oignon / 200 g de courgettes / 150 g de tomates / 60 g de vermicelles.
Pistou : *5 gousses d'ail / 10 feuilles de basilic / 2 cl d'huile d'olive / 50 g de parmesan râpé / Sel.*

Eplucher les tomates en les ébouillantant. Les couper en deux et retirer les graines. Dans la cocotte, faire bouillir 2 l d'eau salée. Mettre au fur et à mesure les légumes coupés en dés. Couvrir. Cuire 20 minutes.

Arrêter la cuisson. Ouvrir. Ajouter les vermicelles et poursuivre la cuisson une dizaine de minutes sans couvrir.

Ajouter ce pistou à la soupe au moment de servir.

Préparation du pistou .

Mixer les gousses d'ail, un peu de sel, les feuilles de basilic, le parmesan et l'huile d'olive.

Soupe de poisson

Prép. : 45 mn. Cuiss. : 20 mn.
4 pers.

1 kg de poissons de roche / 5 cl d'huile d'olive / 150 g d'oignon / 100 g de poireau / 50 g de céleri / 40 g de fenouil frais / 200 g de tomate / 1 cuillerée de concentré de tomate / 1 bouquet garni / 5 gousses d'ail / 1 g de safran / Sel, poivre de Cayenne.
Garniture : *1/2 baguette / 100 g de gruyère râpé.*

Ebarber, écailler, vider, tronçonner et rincer les poissons. Eplucher et laver les légumes.

Dans la cocotte, faire suer les légumes émincés à l'huile. Ajouter le poisson égoutté, mouiller à l'eau froide. Ajouter le bouquet garni et le safran. Assaisonner. Fermer. Faire bouillir rapidement. Cuire 20 minutes.

Retirer le bouquet garni. Mixer la soupe et la passer au chinois fin pour éliminer les arêtes.

Porter à ébullition et servir aussitôt accompagné de gruyère râpé, de tranches de baguette séchées au four et frottées à l'ail.

On peut également servir une sauce d'accompagnement (rouille, aïoli).

Soupe d'étrille

Prép. : 20 mn. Cuiss. : 25 mn.
4 pers.

1 kg d'étrilles / 2 cl d'huile / 100 g de carottes / 100 g d'oignons / 1/4 l de vin blanc / 1 bouquet garni / 50 g de riz rond / Sel.

Dans la cocotte, faire suer à l'huile les carottes et les oignons émincés. Ajouter les étrilles bien lavés. Mouiller au vin blanc. Porter à ébullition. Ajouter 1,5 l d'eau, le bouquet garni. Saler. Refaire prendre l'ébullition.

Ajouter le riz. Fermer et cuire 25 minutes.

En fin de cuisson, mixer puis passer au chinois en foulant.

Avant de servir, vérifier l'assaisonnement et la consistance.

Fenouil à la grecque

Prép. : 15 mn. Cuiss. : 15 mn.
8 pers.

8 fenouils / 2 oignons / 1 citron / 1 dl de vin blanc / 2 dl d'huile d'olive / 1 bouquet garni / 2 gousses d'ail / Poivre et coriandre en grains / Sel.

Eplucher légèrement l'extérieur des fenouils. Les couper en 2. Bien retirer la partie dure du cœur.

Mettre l'huile dans l'autocuiseur, faire suer l'oignon ciselé. Ajouter le fenouil, mouiller avec le vin blanc. Saler. Adjoindre la coriandre et le poivre, les gousses d'ail écrasées et le bouquet garni. Fermer. Cuire doucement pendant 15 minutes.

Laisser refroidir. Retirer l'ail et le bouquet garni.

Servir tel quel avec un peu de liquide de cuisson.

Salade de pois chiches

Prép. : 10 mn. Cuiss. : 45 mn.
4 pers.

250 g de pois chiches / 1 oignon / 1 clou de girofle / 1 carotte / 1 bouquet garni / 2 gousses d'ail / Sel.
Vinaigrette : *6 cl d'huile d'olive / 2 cl de jus de citron / 1 oignon émincé / Sel, poivre / Fines herbes.*

Faire tremper les pois chiches une nuit.

Bien les rincer. Les faire blanchir puis les rafraîchir.

Placer les pois chiches dans l'autocuiseur. Couvrir d'eau froide. Ajouter l'oignon épluché piqué du clou de girofle, la carotte émincée, le bouquet garni, les gousses d'ail écrasées. Ne pas saler. Fermer. Cuire doucement pendant 45 minutes.

En fin de cuisson, ajouter un peu de gros sel. Laisser refroidir.

Préparer la vinaigrette en mélangeant tous les ingrédients. La verser sur les pois chiches. Mélanger et servir.

Poularde en galantine

Prép. : 1 h. Cuiss. : 1 h 10 mn.
10 pers.

1 poularde / 300 g de filet de porc / 300 g de chair à saucisse / 100 g de jambon / Cognac / Sel, poivre.
Fond de cuisson : *2 carottes / 2 oignons / 1 clou de girofle / 1 bouquet garni / Sel, poivre.*

Désosser la poule en gardant la peau en une seule pièce.

Dans l'autocuiseur, rassembler les os de la poule, les carottes et les oignons émincés, le clou de girofle et le bouquet garni. Fermer. Cuire pendant 30 minutes.

Laisser refroidir. Retirer la graisse remontée en surface. Passer au chinois.

Couper en dés réguliers la chair de la poule, le filet de porc et le jambon. Ajouter la chair à saucisse. Saler, poivrer. Bien mélanger en ajoutant le cognac.

Envelopper cette farce dans la peau de la poule. Placer le tout dans un linge. Ficeler en fermant d'abord les extrémités.

Placer la galantine dans l'autocuiseur. Assaisonner. Fermer. Cuire doucement pendant 40 minutes.

Laisser refroidir dans la cuisson. Servir bien frais, coupée en tranches régulières.

Il est possible de faire réduire le fond pour lui permettre de gélifier naturellement. Il servira alors à accompagner la galantine.

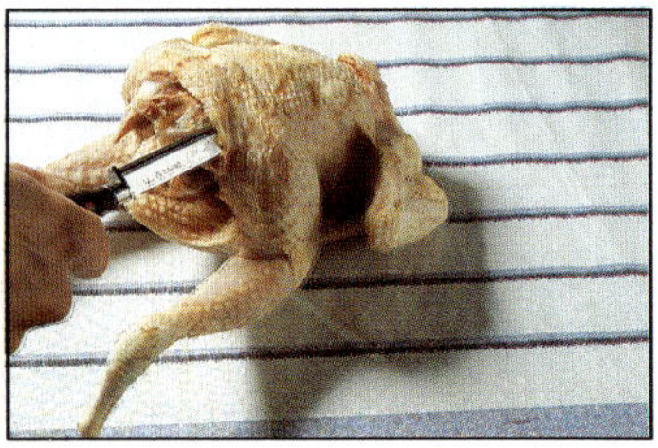

Désosser la poularde par l'intérieur

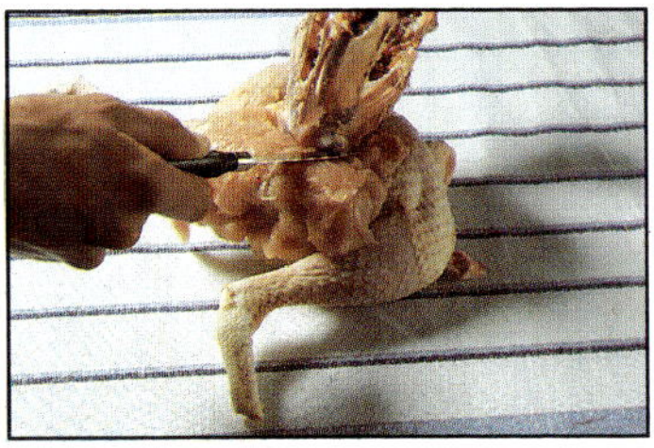

en retournant la peau au fur et à mesure.

Tête de porc en gelée

Prép. : 1 h. Cuiss. : 55 mn.
Repos. : 12 h. 10 pers.

1/2 tête de porc (à faire couper en 2 par le charcutier) /1 pied de porc / 1 pied de veau / 1 jambonneau / 2 carottes / 1 oignon / 2 poireaux / 1/2 l de vin blanc / 1 bouquet garni / 1 clou de girofle / 2 gousses d'ail / Sel / 1 bouquet de fines herbes (persil, cerfeuil, ciboulette...).
Vinaigrette : *1 cuil. à soupe de moutarde / 1 dl d'huile / 4 cl de vinaigre / 2 cornichons hachés / 1 gros oignon haché / Persil haché.*

Laver la demi-tête et les pieds. Laver et éplucher les légumes.

Faire blanchir la viande pendant 5 minutes. Bien rincer la viande et l'autocuiseur.

Dans la cocotte, placer la tête, les pieds, le jambonneau, la garniture aromatique, les carottes entières, les poireaux, l'oignon piqué d'un clou de girofle, le bouquet garni et l'ail écrasé. Mouiller au vin blanc. Saler. Fermer. Faire bouillir et laisser cuire 50 minutes.

Laisser tiédir dans l'autocuiseur. Désosser les viandes et couper finement toutes les chairs. Couper les carottes en petits dés.

Dans une terrine, alterner des couches de morceaux de viande bien mélangés aux carottes et des couches de fines herbes. Mouiller à hauteur avec de la cuisson après avoir vérifié l'assaisonnement. Mettre au froid pendant 1 nuit.

Servir en tranches avec la vinaigrette obtenue en mélangeant tous les ingrédients.

Jésus de Morteau aux pommes de terre

Prép. : 15 mn. Cuiss. : 15 mn.
4 pers.

150 g de lard salé / 1 Jésus / 2 oignons / 1 bouquet garni / 1/4 l de vin blanc du Jura / Persil / 400 g de pommes de terre / Sel, poivre.

Faire fondre le lard coupé en petits morceaux, dans l'autocuiseur. Ajouter l'oignon émincé. Laisser suer.

Ajouter les pommes de terre coupées en rondelles. Mouiller à l'eau et au vin blanc. Saler, poivrer. Mettre le bouquet garni et le Jésus. Fermer. Cuire doucement pendant 15 minutes.

Retirer le bouquet garni. Dresser les pommes de terre dans un plat et poser le Jésus découpé dessus.

Saupoudrer de persil haché et servir aussitôt.

Oeuf cocotte à la crème

Prép. : 5 mn. Cuiss. : 1 mn.
8 pers.

8 œufs / Sel, poivre / 80 g de beurre / Crème fraîche.

Beurrer, saler et poivrer les ramequins. Casser 1 œuf par ramequin. Ajouter dessus 1 cuillère à soupe de crème.

Verser 1 cm d'eau dans l'autocuiseur. Y placer les ramequins. Fermer sans bloquer le couvercle (sans pression). Porter à ébullition et éteindre.

Attendre 1 minute avant d'ouvrir.

On peut parfumer la crème de multiples façons : curry, paprika, anchois, fines herbes hachées.

Rillettes de porc et d'oie

Prép. : 30 mn. Cuiss. : 1 h.
Pour 1 kg environ.

200 g de graisse de rognon de porc / 500 g de maigre de porc / 500 g de chair d'oie / 1 bouquet garni / Sel, poivre / 5 épices / Laurier, girofle, thym pulvérisés.

Couper le porc et l'oie en petits morceaux.

Faire fondre la graisse dans la cocotte avec un peu d'eau à feu très doux. Ajouter les viandes et les aromates. Assaisonner. Fermer. Cuire 1 heure. En fin de cuisson, laisser la cocotte fermée pendant 30 minutes hors du feu.

Ouvrir, retirer un peu de graisse clarifiée et travailler l'ensemble assez vigoureusement pour défaire les morceaux.

Mettre en pot ou en terrine. Couvrir avec la graisse clarifiée. Conserver au frais.

Moules marinière

Prép. : 15 mn. Cuiss. : 4 mn.
4 pers.

2 kg de moules / 30 g d'échalote / 60 g de beurre / 1 gousse d'ail / 40 g de persil haché / 1 dl de vin blanc / Poivre moulu / Sel.

Laver et gratter les moules en les frottant. Ne pas les laisser tremper dans l'eau.

Faire fondre le beurre dans l'autocuiseur. Ajouter l'échalote hachée et l'ail écrasé, les 3/4 du persil, les moules, le poivre, le sel et le vin blanc. Bien mélanger. Cuire 2 minutes sans pression mais couvercle fermé. Mélanger. Poursuivre la cuisson 2 minutes.

Dresser en légumier. Saupoudrer avec le reste du persil.

Il est possible de passer la cuisson au chinois et de la lier avec un roux ou un peu de crème fraîche.

Calmars à la compote d'oignons

Prép. : 20 mn. Cuiss. : 20 mn.
4 pers.

1 kg de calmars parés / 250 g d'oignons / 2 cl d'huile d'olive / 1 dl de vin blanc / 4 gousses d'ail / Persil / Sel, poivre.

Emincer régulièrement les calmars.

Dans l'autocuiseur, faire suer les oignons émincés à l'huile d'olive. Ajouter les calmars et l'ail haché. Assaisonner. Bien mélanger. Mouiller avec le vin blanc et la même quantité d'eau. Fermer. Cuire doucement 20 minutes.

Servir tel quel saupoudré de persil haché.

Rouille de supions

Prép. : 20 mn. Cuiss. : 40 mn.
4 pers.

1 kg de supions (calmars) / 1 oignon / 1 poireau / 1 poivron vert / 2 cl d'huile d'olive / 1 bouquet garni / 1/4 l de vin blanc / 1 kg de pommes de terre / Persil / Sel, poivre.
Sauce : *1 piment oiseau / 5 gousses d'ail / 2 filets d'anchois / 2 œufs / 1 verre d'huile d'olive / 1 tranche de pain.*

Dans l'autocuiseur, chauffer l'huile d'olive et faire suer l'oignon, le poivron et le poireau émincés.
Ajouter les supions nettoyés et parés, le bouquet garni. Mouiller au vin blanc et assaisonner. Fermer. Cuire 30 minutes.
Ajouter les pommes de terre coupées en tranches. Poursuivre la cuisson 10 minutes. Servir dans un plat creux, saupoudré de persil haché et accompagné d'un bol de sauce rouille.

Préparation de la sauce rouille :
Mixer les gousses d'ail épluchés avec le piment. Ajouter la tranche de pain trempée dans un peu d'eau tiède. Hors du mixer, ajouter les jaunes d'œufs et monter le tout à l'huile d'olive comme pour une mayonnaise.

Vous pouvez servir la rouille à part ou la mélanger au ragoût.

Anguilles braisées au vin rouge

Prép. : 25 mn. Cuiss. : 15 mn.
6 pers.

2 anguilles / 5 cuillerées d'huile / 1/2 l de vin rouge / 1 cuillerée de farine / 200 g de champignons / 20 g de beurre / 2 échalotes / 150 g de petits oignons / 150 g de lardons fumés / Persil haché / Sel.

Laver et couper les champignons en quartiers. Dépouiller et vider les anguilles. Faire sauter à la poêle dans 2 cuillerées d'huile les lardons puis les champignons.

Faire chauffer l'huile dans l'autocuiseur et y colorer les anguilles tronçonnées, assaisonnées et farinées. Ajouter l'échalote ciselée et les petits oignons. Mouiller au vin rouge. Fermer. Cuire 10 minutes.

Retirer les morceaux d'anguilles et les dresser dans un plat creux. Réserver au chaud. Corser la cuisson en la faisant réduire. Lorsque la bonne consistance est atteinte, ajouter les lardons, les champignons et lier au beurre. Napper les tronçons d'anguilles. Saupoudrer de persil haché et servir bien chaud.

Anguilles à la provençale

Prép. : 20 mn. Cuiss. : 10 mn.
4 pers.

600 g d'anguilles prêtes à cuire / 2 cl d'huile d'olive / 2 oignons / 2 dl de vin blanc / 500 g de tomates / 2 gousses d'ail / Persil haché / Sel, poivre.

Tronçonner les anguilles. Monder les tomates, les épépiner et les concasser.

Mettre l'huile d'olive dans l'autocuiseur et faire suer l'oignon ciselé. Ajouter les morceaux d'anguilles. Bien mélanger. Saler, poivrer. Mouiller au vin blanc. Porter à ébullition. Ajouter les tomates et l'ail. Fermer. Cuire 10 minutes.

Servir saupoudré de persil haché.

Servir ce plat chaud ou froid.

Lotte à l'américaine

Prép. : 20 mn. Cuiss. : 15 mn.
4 pers.

800 g de lotte parée / 1 boîte de bisque de homard / 40 g de beurre / 40 g d'échalote / 1 bouquet garni / 1/2 verre de cognac / 1 verre de vin blanc / 3 gousses d'ail / 2 cuillères de concentré de tomate / Estragon / Cerfeuil / Persil / Sel, poivre de Cayenne.

Faire fondre le beurre dans l'autocuiseur. Ajouter la lotte escalopée. Saler et poivrer. Parsemer d'échalote ciselée. Flamber au cognac. Mouiller au vin blanc. Ajouter le bouquet garni. Fermer. Cuire 12 minutes.

Réserver la lotte au chaud. Dans l'autocuiseur, ajouter le concentré de tomate, l'ail haché, quelques feuilles d'estragon. Cuire 3 minutes. Ajouter la bisque et un peu d'eau. Bien mélanger et porter à ébullition. Passer au chinois. Vérifier la consistance et l'assaisonnement.

Dresser les morceaux de lotte dans un plat. Napper de sauce. Saupoudrer de cerfeuil et de persil haché.

Nage de lotte au safran

Prép. : 20 mn. Cuiss. : 10 mn.
4 pers.

600 g de lotte parée / 30 g d'échalote / 1/2 g de safran / 1 poireau / 2 cl d'huile d'olive / 1 dl de fumet / 1 verre de vin blanc / Sel.

Mettre l'huile d'olive dans l'autocuiseur, l'échalote ciselée et le poireau émincé. Faire suer légèrement. Mouiller au vin blanc. Saler. Porter à ébullition. Ajouter le fumet et le safran. Disposer la lotte. Fermer. Faire bouillir. Laisser cuire 10 minutes. Couper en tronçons.

Se sert dans une assiette à potage avec les légumes de la cuisson et de la sauce rouille (p. 33).

Bourride sétoise

Prép. : 20 mn. Cuiss. : 17 mn.
4 pers.

600 g de lotte / 2 poireaux / 1 oignon / 1 cl d'huile / 1 verre de vin blanc / 4 gousses d'ail / 3 œufs / 5 cl d'huile d'olive / Sel, poivre.

Chauffer l'huile dans l'autocuiseur. Ajouter l'oignon et les poireaux émincés. Couvrir, laisser suer 2 minutes sans pression. Ajouter la lotte coupée en morceaux réguliers. Bien mélanger à chaleur vive. Mouiller au vin blanc. Ajouter 1 verre d'eau. Saler, poivrer. Fermer. Laisser cuire 15 minutes.

Pendant ce temps, écraser l'ail, ajouter les jaunes d'œufs puis monter à l'huile d'olive (comme une mayonnaise). Détendre avec un peu de cuisson de lotte.

Dresser le poisson égoutté avec les légumes.

Napper de sauce. Servir aussitôt.

Brandade niçoise

Prép. : 10 mn. Cuiss. : 15 mn.
Dessalage. : 12 h. 4 pers.

500 g de morue sans peau ni arêtes / 1 dl d'huile d'olive / 1 dl de lait / Sel, poivre.

Faire dessaler la morue pendant une nuit.

Placer la morue effeuillée dans l'autocuiseur. Couvrir d'eau froide. Fermer. Porter à ébullition et cuire doucement pendant 15 minutes. Egoutter et laisser tiédir.

Placer la morue dans une calotte et la travailler à la spatule en bois. Incorporer petit à petit de l'huile et du lait tiède en alternant. Continuer cette opération jusqu'à ce que la brandade ait la consistance d'une purée de pommes de terre. Vérifier l'assaisonnement.

Servir tiède avec des croûtons.

Bien que la recette originale n'en utilise pas, il est possible d'ajouter de l'ail et des pommes de terre à cette recette.

Aile de raie aux algues

Prép. : 20 mn. Cuiss. : 12 mn.
4 pers.

4 ailes de raie / 1 échalote / 1 bouquet garni / 5 cl de vinaigre blanc / 200 g de haricots de mer / 50 g de beurre / 1 citron / Sel, poivre.

Préparer un court-bouillon dans l'autocuiseur avec 1 l d'eau, le bouquet garni, le vinaigre, l'échalote, le sel et le poivre. Le cuire pendant 5 minutes. Laisser refroidir. Passer au chinois. Placer la raie dans le court-bouillon. Fermer. Cuire 5 minutes.

Réserver la raie au chaud. Disposer à la place les haricots de mer. Faire bouillir 2 minutes et les égoutter. Dans le plat, déposer un lit de haricots puis la raie.

Faire fondre le beurre, le laisser légèrement blondir. Napper le poisson. Disposer autour des quartiers de citron. Servir aussitôt.

Saumon à la vapeur de choucroute

Prép. : 20 mn. Cuiss. : 15 mn.
4 pers.

1 filet de saumon sans peau / 50 g de beurre / 800 g de choucroute / 1 dl de vin blanc / 100 g d'oignons / Ail / Bouquet garni / 6 baies de genièvre / 1 branche d'aneth / Sel, poivre.

Couper le filet en 4 escalopes.

Rincer la choucroute à l'eau froide. Egoutter. Faire suer les oignons dans l'autocuiseur. Ajouter la choucroute, l'ail, le bouquet garni, les baies de genièvre et le vin blanc.

Fermer. Cuire doucement pendant 15 minutes.

En fin de cuisson, disposer les escalopes de saumon sur la choucroute. Assaisonner. Refermer le couvercle sans mettre sur le feu. La chaleur sera suffisante pour cuire le poisson.

Dresser. Décorer avec quelques brins d'aneth.

Accompagner de beurre fondu et de pommes vapeur.

Matelote à l'alsacienne

Prép. : 1 h. Cuiss. : 25 mn.
4 pers.

400 g de brochet / 400 g d'anguille / 300 g de tanche / 300 g de carpe / 1 oignon / 2 échalotes / 1 gousse d'ail / 1 bouquet garni / 1/2 citron / 200 g de champignons de Paris / 100 g de beurre / 1/4 l de vin blanc / 30 g de farine / 1,5 dl de crème fraîche / Sel, poivre.

Préparer tous les poissons et les couper en tronçons.

Mettre 60 g de beurre dans l'autocuiseur. Faire suer l'oignon et l'échalote ciselés. Ajouter les morceaux de poissons, l'ail et le bouquet garni. Mélanger délicatement. Mouiller avec le vin blanc. Ajouter un verre d'eau. Fermer. Cuire 5 minutes.

Préparer un roux dans une casserole avec 30 g de beurre et 30 g de farine. Laisser refroidir.

Cuire à blanc les champignons coupés en quartiers avec 10 g de beurre, du sel, le jus d'1/2 citron.

Retirer les poissons du liquide de cuisson, les dresser en plat creux. Ajouter les champignons.

Verser sur le roux la cuisson bouillante des poissons. Faire réduire. Ajouter la crème et cuire encore quelques instants en remuant. Vérifier l'assaisonnement et la consistance. Napper les poissons.

Ce plat peut s'accompagner de nouilles fines ou de pommes vapeur et s'agrémenter de croûtons ou de fleurons.

Bouillabaisse

Prép. : 45 mn. Cuiss. : 10 mn.
4 pers.

2 kg de poissons / 2 l de fumet de poisson / 3 cl d'huile d'olive / 1 g de safran / 1 poireau / 1 branche de céleri / 1 oignon / 3 gousses d'ail / 500 g de tomates / 1 bouquet garni / Quelques graines de fenouil / Sel, poivre.

Monder les tomates, les épépiner et les concasser.

Dans l'autocuiseur, faire suer avec l'huile d'olive le poireau, le céleri et l'oignon émincé finement. Ajouter la pulpe de tomate, le safran, le bouquet garni, l'ail écrasé et les graines de fenouil. Saler, poivrer.

Ajouter le poisson. Couvrir à hauteur avec le fumet bouillant. Fermer. Cuire 10 minutes à feu vif.

Disposer les poissons dans le plat de service. Passer la cuisson au chinois. Arroser le poisson. Servir le reste en soupière.

Servir accompagné de croûtons frottés à l'ail et de sauce rouille (p. 33).

Canard poêlé aux navets nouveaux

Prép. : 20 mn. Cuiss. : 23 mn.
4 pers.

1 canard de 1,6 kg prêt-à-cuire / 1 cuillerée d'huile / 2 carottes / 2 oignons / 1 dl de vin blanc / 1 dl de madère / 1/4 l de fond de volaille / 1 botte de navets nouveaux.

Dans l'autocuiseur, faire colorer à l'huile le canard assaisonné sur toutes ses faces. Ajouter les carottes et les oignons coupés en mirepoix.

Mouiller avec le vin blanc. Fermer. Cuire 15 minutes.

Réserver le canard au chaud. Ajouter le madère dans la cocotte. Faire bouillir. Mouiller avec le fond de volaille. Faire réduire quelques instants. Passer le fond au chinois dans une casserole. Vérifier l'assaisonnement. Dégraisser.

Dans l'autocuiseur, placer les navets épluchés. Mouiller avec un peu de sauce du canard. Fermer. Cuire 8 minutes.

Servir le canard découpé et nappé de sauce. Disposer les navets tout autour.

Coq au vin

Prép. : 45 mn. Cuiss. : 1 h.
Marinade. : 1 nuit. 8 pers.

1 coq fermier / 1 bouteille de vin rouge léger / 2 cl d'huile / 1 bouquet garni / 1 oignon / 200 g de poitrine salée / 5 cl de cognac / 30 g de farine / 2 gousses d'ail / 150 g de petits oignons / 20 g de beurre / 300 g de champignons / 1 cuil. à café de sucre / Poivre en grains / Persil haché / Sel.

Couper le coq en 8. Le mettre à mariner pendant une nuit avec le vin, l'oignon, le bouquet garni, le poivre.

Le lendemain, couper la poitrine en lardons. Egoutter les morceaux de coq. Faire bouillir la marinade. Bien l'écumer et la passer au chinois.

Verser l'huile dans l'autocuiseur, faire colorer les morceaux de coq. Flamber au cognac. Ajouter la farine et la cuire en mélangeant le tout. Ajouter l'ail, le bouquet garni, mouiller avec la marinade. Assaisonner. Fermer. Cuire 1 heure.

Faire sauter les lardons à la poêle puis les remplacer par les champignons coupés.

Cuire les petits oignons avec le beurre, le sucre et un peu d'eau. Les laisser légèrement colorer.

Ouvrir la cocotte. Vérifier l'assaisonnement et la consistance de la sauce. Servir en mélangeant la viande, la garniture et la sauce. Saupoudrer de persil haché.

Poularde pochée sauce suprême

Prép. : 35 mn. Cuiss. : 55 mn.
6 pers.

1 poularde de 2 kg prête-à-cuire / 1 citron / 2 l de fond de volaille / 300 g de riz / 2 carottes / 2 oignons / 1 poireau / 1 branche de céleri / 1 bouquet garni / 100 g de beurre / 100 g de farine / 1 dl de crème fraîche / Sel, poivre en grains.

Placer la poularde dans la cocotte. Couvrir d'eau froide. Porter à ébullition puis la rincer à l'eau froide.

Eplucher tous les légumes. Citronner la poularde et la placer dans l'autocuiseur.

Mouiller à hauteur à l'eau froide. Porter à ébullition. Bien écumer. Ajouter la garniture aromatique. Saler, poivrer. Fermer. Cuire 45 minutes.

Pendant la cuisson préparer un roux blanc avec 100 g de beurre et 100 g de farine. Laisser refroidir.

Faire cuire le riz à la créole. Egoutter et réserver au chaud.

En fin de cuisson, passer au chinois 2 l de fond, le faire réduire d'1/4 puis le verser sur le roux. Cuire 3 minutes. Ajouter la crème. Vérifier la consistance et l'assaisonnement.

Verser le riz dans un plat creux. Poser la poule entière ou en morceaux. Napper de sauce et servir le reste en saucière.

S'accompagne de riz.

Poulet fermier à la bière

Prép. : 25 mn. Cuiss. : 20 mn.
4-5 pers.

1 poulet fermier de 1,4 kg / 33 cl de bière / 40 g de beurre / 30 g d'échalote / 200 g de champignons / 2 dl de crème fraîche / Sel, poivre.

Couper le poulet en 8 morceaux.

Faire fondre le beurre dans l'autocuiseur. Faire rissoler les morceaux de poulet assaisonnés. Ajouter les échalotes ciselées et la moitié de la bière. Fermer. Cuire 15 minutes.

Retirer les morceaux de poulet. Ajouter les champignons émincés et le reste de bière. Cuire à couvert sans pression pendant 5 minutes. Ouvrir, ajouter la crème. Faire réduire afin d'obtenir une sauce assez consistante. Remettre les morceaux de volaille à chauffer dans la sauce.

Servir en plat creux.

Ce plat peut s'accompagner de nouilles.

Cuisse de dinde aux pignons de pin

Prép. : 45 mn. Cuiss. : 21 mn.
6 pers.

1 cuisse de dinde d'1,5 kg / 1 cuillerée d'huile / 150 g de chair à saucisse / 300 g de girolles / 1 œuf / 30 g de pignons de pin / 1 oignon / 2 échalotes / 1 carotte / 1 bouquet garni / 2 gousses d'ail / 1 verre de vin blanc / 1 crépine / Sel, poivre.

Désosser la cuisse de dinde. Mélanger la chair à saucisse, l'œuf et les pignons de pin. Assaisonner. Nettoyer et laver rapidement les girolles.

Assaisonner la cuisse. Etaler la farce à l'intérieur. Rouler, envelopper de crépine et ficeler.

Faire chauffer l'huile dans l'autocuiseur. Faire rissoler la cuisse sur chaque face. Ajouter la carotte, l'oignon et les échalotes coupés en mirepoix, l'ail écrasé et le bouquet garni. Faire suer quelques instants. Mouiller avec le vin blanc. Fermer. Cuire 15 minutes.

Retirer la cuisse. Passer la cuisson. Remettre la cuisse dans l'autocuiseur, le liquide de cuisson et les girolles. Cuire 6 minutes.

Servir tranché, accompagné de sauce et de girolles.

Confit d'oie

Prép. : 30 mn. Cuiss. : 1 h.
Repos. : 24 h. 8 pers.

1 oie grasse avec sa graisse / Gros sel / Thym, laurier.

Couper l'oie en 8 morceaux en prenant soin de bien garder la peau. Frotter chaque morceau avec du gros sel dans lequel vous aurez mélangé du thym et du laurier pulvérisés.

Ranger les morceaux dans un récipient, les couvrir avec ce sel et laisser reposer au frais pendant 24 heures.

Faire fondre doucement toute la graisse dans l'autocuiseur, à découvert. Rincer les morceaux d'oie et bien les sécher. Les ranger dans la graisse. Fermer. Cuire doucement pendant 1 heure.

Ranger les morceaux dans des pots. Couvrir de graisse fondue. Fermer et conserver au frais.

Paëlla

Prép. : 30 mn. Cuiss. : 15 mn.
4 pers.

1 poulet prêt-à-cuire / 1 petit chorizo / 400 g de calmars / 400 g de moules / 8 pièces de crevettes roses / 3 cuillerées d'huile d'olive / 200 g de riz / 2 oignons / 1 poivron / 2 gousses d'ail / 1 bouquet garni / 6 tomates / 200 g de petits pois écossés / 200 g de haricots verts épluchés / 1 g de safran / 1 l de fond de volaille / Sel, poivre.

Monder, épépiner, concasser les tomates. Couper le poulet en 4.

Chauffer l'huile d'olive dans l'autocuiseur. Faire rissoler les morceaux de poulet. Ajouter les oignons et le poivron émincés. Laisser suer, ajouter les calmars, le safran, la tomate, l'ail écrasé, le bouquet garni et le riz. Assaisonner. Mouiller avec le fond. Fermer. Cuire 10 minutes.

Ouvrir. Ajouter les moules, le chorizo coupé en rondelles, les petits pois et les haricots verts. Cuire 5 minutes avec le couvercle.

Ouvrir et déposer les crevettes afin de les chauffer.

Servir dans un plat creux en disposant harmonieusement tous les ingrédients.

Lapin à la moutarde à l'ancienne

Prép. : 20 mn. Cuiss. : 20 mn.
5 pers.

1 lapin / 30 g de beurre / 3 cuillerées de moutarde à l'ancienne / 1 échalote / 2 gousses d'ail / 1 bouquet garni / 25 cl de crème épaisse / 1 verre de vin blanc / Sel, poivre.

Couper le lapin en 10 morceaux. Dans l'autocuiseur, faire saisir au beurre les morceaux de lapin assaisonnés.

Ajouter l'échalote ciselée, l'ail écrasé et le bouquet garni. Mouiller au vin blanc. Fermer. Cuire 20 minutes.

En fin de cuisson, retirer les morceaux de lapin. Crèmer la cuisson et faire réduire quelques instants. Passer au chinois. Avant de servir, lier la sauce avec la moutarde et ne plus faire bouillir. Remettre les morceaux dans la sauce pour les chauffer.

Servir dans un plat creux.

Civet de lièvre

Prép. : 1 h. Cuiss. : 45 mn.
Marinade. : 12 h. 5 pers.

1 lièvre / 1 verre de vinaigre / 2 cl d'huile / 1 l de vin rouge / 2 oignons / 2 carottes / 2 gousses d'ail / 1 bouquet garni / Poivre en grains / 100 g de lard salé / 1 verre de sang / 1 dl de crème / 2 cuil. à soupe de farine / 1/4 l de sauce civet (en sachet) / Persil haché / Sel, poivre.

La veille de la cuisson, couper le lièvre en morceaux.

Le placer dans une terrine. Mouiller avec le vinaigre, 1 cl d'huile et le vin. Ajouter 1 oignon et 1 carotte coupés en mirepoix, l'ail écrasé, le poivre concassé. Laisser mariner au frais en remuant de temps en temps.

Egoutter et sécher les morceaux de lièvre. Passer la marinade au chinois et la faire bouillir. Bien écumer.

Dans l'autocuiseur, faire fondre le lard coupé en dés puis le retirer. Ajouter le reste de l'huile. Fariner les morceaux de lièvre et les faire rissoler sur feu vif.

Ajouter les légumes de la marinade et les frais ainsi que le bouquet garni. Mouiller avec la marinade et la sauce. Fermer. Laisser cuire doucement pendant 45 minutes.

Réserver les morceaux de lièvre. Passer la sauce au chinois. Vérifier la consistance et l'assaisonnement. La porter à ébullition.

Dans un récipient, mélanger le sang et la crème. Dresser les morceaux de lièvre dans un plat creux. Ajouter les lardons. Tenir au chaud. Ajouter un peu de sauce au mélange sang-crème et reverser le tout dans la sauce. Faire chauffer en remuant sans atteindre l'ébullition. Napper le lièvre de sauce. Saupoudrer de persil haché. Servir très chaud.

Se sert accompagné de polenta, de nouilles fraîches, de petites galettes de pommes de terre...

Salmis de faisan

Prép. : 20 mn. Cuiss. : 25 mn.
4 pers.

1 jeune faisan vidé et bridé (garder le foie) / 1 petit morceau de barde / 30 g de beurre / 4 échalotes / 1 verre de vin blanc / 1/4 l sauce civet (en sachet) / Sel, poivre.

Protéger la poitrine du faisan avec la barde. Faire rôtir le faisan à four chaud, 210 °C (th. 7) pendant 10 minutes.

Après refroidissement couper en 4. Retirer la peau et le maximum d'os. Dans l'autocuiseur, faire suer au beurre les échalotes ciselées. Ajouter les os et la peau du faisan. Mouiller au vin blanc. Faire bouillir. Ajouter la sauce civet. Fermer. Cuire 15 minutes.

Passer au chinois en foulant bien. Verser la sauce sur les morceaux de faisan.

La chair du faisan doit rester peu cuite.

Langue de bœuf sauce piquante

Prép. : 30 mn. Cuiss. : 50 mn.
6 pers.

1 langue de bœuf / 2 oignons / 1 bouquet garni / 3 gousses d'ail / Poivre en grains / Sel.
Sauce : *1 dl de vinaigre / 30 g d'échalote / 1 dl de fond de veau / 3 cornichons / Fines herbes.*

Plonger la langue dans une casserole d'eau froide. Porter à ébullition. Bien la rincer.

Mettre la langue dans l'autocuiseur. La couvrir d'eau froide. Ajouter la garniture aromatique. Saler, poivrer. Fermer. Laisser cuire doucement 50 minutes.

Egoutter la langue et l'éplucher. Laisser refroidir.

Sauce piquante :

Faire réduire le vinaigre avec l'échalote ciselée. Ajouter le fond. Cuire quelques instants. Ajouter les cornichons hachés et la moitié des fines herbes.

Servir la langue coupée, nappée de sauce. Saupoudrer du reste de fines herbes.

Ragoût de queue de bœuf aux oignons nouveaux

Prép. : 30 mn. Cuiss. : 50 mn.
4 pers.

1,5 kg de queue de bœuf / 2 gousses d'ail / 1 bouquet garni / 2 carottes / 1 botte d'oignons nouveaux / 40 g de beurre / 2 oignons / 1 clou de girofle / 1 poireau / 1 branche de céleri / Persil haché / Sel, poivre.

Couper la queue en tronçons, les faire blanchir 5 minutes.

Dans l'autocuiseur, placer les morceaux de queue, couvrir largement d'eau froide. Ajouter la garniture aromatique (ail, bouquet garni, carottes, oignons, clou de girofle, poireau, céleri). Fermer. Cuire doucement pendant 45 minutes.

Pendant la cuisson, émincer les oignons nouveaux (vert et blanc). Les faire compoter doucement avec le beurre et une goutte d'eau. Assaisonner.

Quand la queue de bœuf est cuite, séparer la viande des os et la mélanger aux oignons. Faire réduire un peu de jus de cuisson et lier l'ensemble. Saupoudrer de persil haché.

Ris de veau braisés

Prép. : 25 mn. Cuiss. : 20 mn.
6 pers.

3 ris de veau / 30 g de beurre / 1 oignon / 1 carotte / 1 bouquet garni / 1 couenne de lard / 2 dl de fond de veau / 2 dl de crème / Sel, poivre.

Parer les ris de veau en retirant les traces de sang et l'excès de gras. Les mettre à blanchir, bien les rafraîchir à l'eau froide.

Les parer à nouveau éventuellement. Les presser entre deux planchettes.

Faire fondre le beurre dans l'autocuiseur. Ajouter l'oignon et la carotte coupés en rondelles et la couenne. Faire suer le tout.

Ajouter les ris. Mouiller avec le fond. Ajouter le bouquet garni. Fermer. Cuire 20 minutes.

Sortir les ris, les réserver au chaud.

Passer la cuisson au chinois, la porter à ébullition. Ajouter la crème. Faire réduire. Vérifier l'assaisonnement. Escaloper les ris et les napper de sauce.

Rognons de veau en cocotte

Prép. : 15 mn. Cuiss. : 20 mn.
4 pers.

2 rognons de veau / 1 dl de vin blanc / 2 dl de fond de veau / Sel, poivre.

Parer les rognons en conservant un petit peu de graisse autour. Les assaisonner et les faire rissoler dans la cocotte. Mouiller au vin blanc. Porter à ébullition. Ajouter le fond. Fermer. Cuire 20 minutes.

Retirer les rognons et les escaloper. En napper les rognons.

Accompagner de pommes de terre en purée.

Gras double lyonnais

Prép. : 20 mn. Cuiss. : 30 mn.
5 pers.

2 kg de gras double coupé et blanchi / 40 g de beurre / 2 cuil. à soupe d'huile / 2 oignons / 4 échalotes / 1 verre à porto de vinaigre de vin / Persil haché / Sel, poivre.

Dans l'autocuiseur, faire suer au beurre et à l'huile les oignons et les échalotes émincés. Ajouter le gras double. Faire colorer légèrement. Saler. Poivrer.

Ajouter le persil haché et 2 verres d'eau. Fermer. Cuire doucement pendant 30 minutes.

En fin de cuisson, arroser avec le vinaigre.

Servir très chaud.

Tripes à la tomate

Prép. : 30 mn. Cuiss. : 1 h.
5 pers.

2 kg de tripes de bœuf crues coupées et blanchies / 1/4 l de vin blanc / 500 g de tomates / 2 cuil. à soupe de concentré de tomate / 2 carottes / 1 branche de céleri / 1 poireau / 2 oignons / 1 bouquet garni / 2 gousses d'ail / 2 cuil. à soupe d'huile d'olive / Persil / Basilic haché / Sel, poivre.

Monder, épépiner et concasser les tomates.

Dans l'autocuiseur, faire suer à l'huile d'olive les oignons, le poireau, les carottes et le céleri émincés. Ajouter les tripes. Mouiller au vin blanc. Porter à ébullition.

Ajouter le concentré de tomate et la pulpe de tomate ainsi que les gousses d'ail écrasées et le bouquet garni. Ajouter 1/4 l d'eau. Assaisonner. Fermer. Cuire doucement pendant 1 heure.

Retirer le bouquet garni.

Servir tel quel, saupoudré de persil et de basilic hachés.

Accompagner le plat de pommes vapeur.

Estouffade de bœuf

Prép. : 30 mn. Cuiss. : 35 mn.
6 pers.

800 g de paleron coupé en dés / 2 cuillerées d'huile / 2 carottes/ 2 oignons / 30 g de farine / 1 bouquet garni / 1/2 l de vin rouge / 2 gousses d'ail / 1/2 l de fond brun / Sel, poivre.

Tailler les légumes épluchés en mirepoix. Dans l'autocuiseur, faire rissoler à l'huile les morceaux de viande. Ajouter les oignons et les carottes, faire suer quelques instants. Ajouter la farine, bien mélanger. Mouiller avec le vin rouge. Porter à ébullition. Adjoindre l'ail écrasé et le bouquet garni. Ajouter le fond brun. Fermer. Cuire 35 minutes.

Réserver la viande. Passer la sauce. Enlever l'excès de graisse. Vérifier la consistance et l'assaisonnement. Réchauffer la viande dans la sauce.

Bien mélanger et servir avec des pâtes.

Goulash de bœuf

Prép. : 20 mn. Cuiss. : 1 h.
4 pers.

800 g de paleron / 2 cuillerées d'huile / 2 oignons / 30 g de farine / 10 g de paprika / 2 cuil. de concentré de tomate / 1 bouquet garni / 2 gousses d'ail / 1 l de fond non lié / Sel, poivre.

Couper la viande en morceaux réguliers. Ciseler les oignons, hacher l'ail.

Faire rissoler avec l'huile la viande assaisonnée dans l'autocuiseur. Ajouter les oignons, faire suer quelques instants. Ajouter le paprika et la farine. Bien mélanger. Ajouter l'ail, le bouquet garni, le concentré de tomate. Mouiller avec le fond. Fermer. Cuire doucement 1 heure.

Retirer le bouquet garni.

Vérifier la consistance et l'assaisonnement. Dégraisser si nécessaire et servir bien chaud.

Aiguillette de bœuf braisée

Prép. : 45 mn. Cuiss. : 1 h 30 mn.
Marinade. : 12 h. 8-10 pers.

2 kg d'aiguillette de rumsteak / 2 cl d'huile / 2 carottes / 2 oignons / 1/2 l de vin blanc / 1 verre de cognac / 1 bouquet garni / 2 gousses d'ail / 1 l de fond de veau lié / 300 g de tomates / 1 pied de veau / Sel, poivre en grains.

Blanchir le pied de veau. Monder, épépiner et concasser la tomate. Eplucher, laver les légumes. Tailler les carottes et les oignons en mirepoix.

Mettre à mariner pendant une nuit la viande avec le vin blanc, les carottes, les oignons, l'ail, le bouquet garni et un peu d'huile.

Le lendemain, bien sécher l'aiguillette et la faire rissoler dans l'autocuiseur. Ajouter les légumes, la marinade, le cognac et le pied de veau. Assaisonner. Faire bouillir. Bien écumer. Mouiller avec le fond. Ajouter la pulpe de tomate. Fermer. Cuire 1 heure 30 minutes.

En fin de cuisson, désosser le pied de veau. Passer le fond de braisage. Dresser l'aiguillette en tranches.

Accompagner de pâte, de riz, de purée ou d'un assortiment de légumes frais.

Pot-au-feu

Prép. : 45 mn. Cuiss. : 1 h.
8-10 pers.

500 g de gîte-gîte / 500 g de macreuse / 500 g de plat de côte / 500 g de jumeau / 1 os à moelle.
Cuisson : *2 carottes / 2 oignons / 2 poireaux / 1 branche de céleri / 1 bouquet garni / 4 gousses d'ail / Clou de girofle.*
Garniture : *4 carottes / 4 navets / 2 poireaux / 1 kg de pommes de terre / 250 g de céleri-rave.*

Eplucher et laver tous les légumes. Parer, dégraisser la viande. Faire bouillir de l'eau salée dans l'autocuiseur. Ajouter les légumes de la cuisson. A ébullition, ajouter la viande. Fermer. Cuire doucement pendant 1 heure.

Couper régulièrement les légumes de la garniture. Dès que la viande est cuite, prélever du bouillon pour cuire les légumes.

Dresser sur un grand plat en alternant viande et légumes.

Bäckeoffe

Prép. : 35 mn. Cuiss. : 1 h.
Marinade. : 12 h. 6 pers.

500 g de bœuf (paleron) / 500 g d'épaule de mouton / 500 g d'échine de porc / 200 g d'oignons / 2 gousses d'ail / 2 kg de pommes de terre / 1/2 l de vin blanc / 1 bouquet garni / Sel, poivre.

Détailler toutes les viandes en morceaux réguliers et les mettre à mariner une nuit avec 1/4 l de vin blanc, la moitié des oignons émincés, l'ail, le bouquet garni et le poivre.

Eplucher, laver et couper les pommes de terre émincées. Saler, poivrer.

Dans l'autocuiseur, disposer une couche de pommes de terre mélangées aux oignons émincés, une couche des 3 viandes et renouveler les couches jusqu'à la fin des ingrédients. Assaisonner.

Ajouter les légumes de la marinade, le bouquet garni, mais pas le vin de la marinade. Mouiller avec le reste du vin et un verre d'eau. Fermer. Faire cuire doucement pendant 1 heure.

Poitrine de veau farcie

Prép. : 40 mn. Cuiss. : 50 mn.
5 pers.

1 kg de poitrine de veau ouverte et mise à plat / 2 os de veau / 1 carotte / 1 oignon / 30 g de beurre / 1 verre de vin blanc / 1 bouquet garni / 2 gousses d'ail / 1/4 l de fond de veau / Sel, poivre.
Farce : *300 g d'échine de porc / 2 petits pains / Lait / 1 oignon / 1 échalote / 50 g de beurre / 1 gousse d'ail / 2 cuillerées à soupe de persil haché / 2 œufs / 5 cl de cognac / Sel, poivre, muscade râpée.*

Passer la viande au hachoir. Faire suer l'oignon et l'échalote ciselés avec le beurre. Hacher l'ail et le persil. Tremper les petits pains au lait, les presser et les passer au hachoir après la viande. Mélanger tous les ingrédients, avec les œufs et le cognac, assaisonner.

Saler, poivrer la poitrine désossée. L'enduire avec cette farce, rouler et ficeler.

Faire fondre le beurre dans l'autocuiseur. Faire saisir la poitrine assaisonnée sur toutes ses faces. Ajouter les oignons, la carotte et l'ail émincés, les os et le bouquet garni. Bien mélanger. Mouiller avec le vin blanc. Fermer. Cuire 50 minutes.

Retirer la viande et la réserver au chaud. Ajouter le fond au liquide de cuisson. Porter à ébullition. Vérifier l'assaisonnement. Passer au chinois.

Servir la viande tranchée et la sauce en saucière.

Grenadins de veau

Prép. : 20 mn. Cuiss. : 20 mn.
8 pers.

8 grenadins / 2 cuillerées d'huile / 1 carotte / 1 oignon / 1 bouquet garni / 2 dl de vin blanc / 1/4 l de fond brun lié / 1 tomate / Persil haché / Sel, poivre.

Emincer les carottes et les oignons. Saler, poivrer les grenadins.

Dans la cocotte, mettre l'huile et colorer les grenadins sur chaque face. Ajouter la garniture aromatique et laisser suer. Déglacer au vin blanc, faire bouillir puis ajouter le fond, le bouquet garni et la tomate coupée. Fermer. Cuire 20 minutes.

Sortir les grenadins. Passer la sauce au chinois. Vérifier l'assaisonnement et la consistance. Dégraisser éventuellement.

Servir les grenadins nappés de sauce.

Convient à un menu de fête.

Blanquette de veau

Prép. : 20 mn. Cuiss. : 28 mn.
5 pers.

1,2 kg de veau pour blanquette / 2 kg de carottes / 2 oignons / 1 poireau / 1 branche de céleri / 1 bouquet garni / 2 gousses d'ail / Sel, poivre / Clou de girofle.
Sauce : *60 g de beurre / 60 g de farine / 1 dl de crème.*

Faire blanchir le veau. Bien le rincer. Eplucher et laver tous les légumes.

Placer les morceaux blanchis dans l'autocuiseur. Mouiller à hauteur avec de l'eau froide. Porter à ébullition. Ecumer soigneusement. Ajouter la garniture aromatique. Saler. Fermer. Cuire doucement 25 minutes.

Séparer la viande de la cuisson. La réserver. Préparer un roux avec le beurre et la farine. Ajouter 1 l de fond de cuisson passé et réduit d'un quart. Le verser sur le roux. Cuire 3 minutes. Ajouter la crème. Vérifier la consistance et l'assaisonnement. Rajouter la viande dans la sauce. Dresser dans un plat creux et servir bien chaud.

Carré de veau

Prép. : 20 mn. Cuiss. : 40 mn.
8 pers.

1 carré de veau paré à 4 côtes / 2 cuillerées d'huile / 2 oignons / 2 carottes / 2 tomates / 1 bouquet garni / 1 verre de vin blanc / 1/4 l de fond lié / Sel, poivre.

Couper les carottes et les oignons en mirepoix.

Dans l'autocuiseur, faire rissoler le carré assaisonné sur toutes ses faces avec l'huile. Ajouter la mirepoix, le bouquet garni, les tomates coupées. Mouiller au vin blanc. Faire bouillir. Ajouter le fond. Fermer. Cuire 40 minutes.

Sortir et réserver la viande. Passer la sauce au chinois. Vérifier la consistance et l'assaisonnement.

Servir le carré entier nappé de sauce.

Jarret de veau

Prép. : 20 mn. Cuiss. : 50 mn.
6 pers.

1 jarret de veau / 2 cuillerées d'huile / 2 oignons / 2 carottes / 1 bouquet garni / 300 g de tomates / 3 gousses d'ail / 1/4 l de vin blanc / 1/4 l de fond brun / Sel, poivre.

Monder, épépiner et concasser les tomates. Dans l'autocuiseur, faire rissoler à l'huile le jarret assaisonné. Ajouter les carottes et les oignons coupés en mirepoix.

Faire suer quelques instants. Déglacer au vin blanc, porter à ébullition. Ajouter la tomate, le bouquet garni et l'ail écrasé. Mouiller avec le fond. Fermer. Cuire doucement pendant 50 minutes.

Retirer le jarret, le garder au chaud. Vérifier l'assaisonnement du fond et le passer au chinois.

Couper le jarret dans le sens de la longueur. Le dresser sur plat avec la sauce.

Attention : la cuisson du jarret est délicate. Pour garder sa saveur, la viande doit être suffisamment cuite sans tomber en compote.

Ragoût de veau

Prép. : 25 mn. Cuiss. : 35 mn.
4 pers.

800 g d'épaule de veau / 2 cuillerées d'huile / 2 oignons / 1 verre de vin blanc / 30 g de farine / 2 cuillerées de concentré de tomate / 1 bouquet garni / 3 gousses d'ail / 1 l de fond de veau / Sel, poivre.

Couper l'épaule en morceaux réguliers. Ciseler les oignons, hacher l'ail.

Chauffer l'huile dans l'autocuiseur. Faire rissoler les morceaux assaisonnés. A ébullition, ajouter la tomate, le bouquet garni et l'ail. Mouiller avec le fond. Fermer. Cuire 35 minutes.

Retirer le bouquet garni. Vérifier l'assaisonnement et la consistance de la sauce. Dégraisser si nécessaire.

S'accompagne souvent de légumes verts.

Osso-buco

Prép. : 20 mn. Cuiss. : 25 mn.
4 pers.

4 osso-buco / 2 cuillerées d'huile / 30 g de farine / 2 carottes / 2 oignons / 1 bouquet garni / 1 petite branche de céleri / 3 gousses d'ail / 1 verre de vin blanc / 1 l de fond brun lié / 2 cuillerées de concentré de tomate / Sel, poivre.

Couper l'oignon, les carottes et le céleri en petits dés. Chauffer l'huile dans l'autocuiseur. Faire rissoler les osso-buco salés, poivrés et farinés. Ajouter les oignons, les carottes et le céleri. Faire suer. Déglacer au vin blanc et faire bouillir. Mouiller avec le fond. Ajouter l'ail haché, le bouquet garni et le concentré de tomate. Fermer. Cuire 25 minutes.

Retirer le bouquet garni. Vérifier l'assaisonnement et la consistance de la sauce.

Servir bien chaud avec un risotto ou des pâtes fraîches.

Cassoulet

Prép. : 40 mn. Cuiss. : 1 h 45 mn.
Trempage. : 12 h. 5 pers.

2 kg de lingots (haricots blancs) / 300 g de couennes fraîches / 400 g de longe de porc salée / 1 jarret de porc salé / 400 g de coti salé / 1 saucisson à l'ail / 2 gros oignons / 1 poireau / 1 bouquet garni / 2 carottes / 60 g de saindoux / 2 gousses d'ail / 300 g de tomates / Clou de girofle / Chapelure / Persil / Sel, poivre.

Mettre à tremper les haricots à l'eau froide pendant une nuit.

Le lendemain, faire blanchir la couenne et les viandes. Monder, épépiner, concasser les tomates.

Dans l'autocuiseur, placer les haricots égouttés. Mouiller à l'eau froide. Ajouter les carottes, le poireau, 1 gousse d'ail, 1 oignon piqué du clou de girofle et le bouquet garni. Ne pas saler. Fermer. Cuire doucement pendant 15 minutes. Ouvrir et saler, poursuivre la cuisson 10 minutes.

Faire fondre le saindoux dans l'autocuiseur. Ajouter l'oignon ciselé, 1 gousse d'ail écrasé, la couenne coupée en petits morceaux réguliers et la tomate. Bien faire suer. Ajouter les viandes. Mouiller avec la cuisson des haricots. Fermer. Cuire 20 minutes.

Dresser le cassoulet dans une cocotte en terre en alternant une couche de haricots et de viande coupée. Mouiller avec la cuisson.

Terminer par des rondelles de saucisson, saupoudrer de chapelure et de persil haché. Passer 1 heure au four à 160 °C (th. 5-6).

Choucroute

Prép. : 55 mn. Cuiss. : 1 h.
8 pers.

600 g de filet de porc fumé / 300 g de poitrine fumée / 1 palette fumée / 4 saucisses de Montbéliard / 2 jambonneaux salés / 2 kg de choucroute / 2 oignons / 2 gousses d'ail / 1 bouquet garni / 600 g de pommes de terre (BF 15) / 1/4 l de vin blanc / 4 baies de genièvre / Sel, poivre.

Rincer la choucroute à l'eau froide. Bien l'égoutter.

Mettre toutes les viandes dans l'autocuiseur, sauf les saucisses. Couvrir d'eau froide. Cuire 5 minutes. Bien égoutter et rincer les viandes.

Dans l'autocuiseur, placer la choucroute, mélanger les oignons émincés et l'ail haché. Ranger le filet, la palette, la poitrine et les jambonneaux sur les parois. Ajouter le bouquet garni et les baies de genièvre. Saler très modérément. Mouiller avec le vin blanc et un verre d'eau. Fermer. Cuire 45 minutes.

Ouvrir l'autocuiseur. Retirer les jambonneaux. Ranger les pommes épluchées et les saucisses de Montbéliard. Poursuivre la cuisson 10 minutes.

Servir sur un grand plat.

Palette à la diable

Prép. : 20 mn. Cuiss. : 40 mn.
Marinade : 12 h. 6 pers.

1 palette de porc salée sans os / 1/4 l de vin blanc / 1 bouquet garni / Thym / Laurier / 2 gousses d'ail / Cumin / Graines de coriandre / Moutarde à l'ancienne.

La veille de la cuisson, frotter la palette avec un mélange de cumin, de thym, d'ail écrasé, de graines de coriandre et de feuilles de laurier concassées. Ajouter le vin blanc.

Le lendemain, la placer dans l'autocuiseur. Mouiller avec la marinade. Ajouter les aromates et le bouquet garni. Fermer. Cuire 40 minutes.

Réserver la viande. Passer la cuisson au chinois. Ajouter 3 cuillerées de moutarde à l'ancienne. Faire chauffer sans atteindre l'ébullition.

Couper la palette en tranches et la servir nappée de sauce.

Potée auvergnate

Prép. : 20 mn. Cuiss. : 45 mn.
5 pers.

500 g de filet de porc salé / 200 g de poitrine salée / 200 g de travers de porc salé / 1 saucisson à cuire / 2 oignons / 1 bouquet garni / 1 gros chou vert / 250 g de carottes / 250 g de navets / 500 g de pommes de terre / Sel, poivre.

Faire blanchir les viandes. Les égoutter et les rincer. Les remettre à cuire avec les oignons. Fermer. Cuire doucement 25 minutes.

Retirer la moitié de la cuisson ainsi que les oignons. Ajouter le chou blanchi coupé à la viande avec le bouquet garni, les carottes et les navets. Saler, poivrer. Cuire 10 minutes. Ajouter les pommes de terre. Poursuivre la cuisson 10 minutes.

Servir les viandes tranchées, les légumes autour. Arroser d'un peu de bouillon.

Porc aux pruneaux

Prép. : 25 mn. Cuiss. : 35 mn.
Trempage. : 12 h. 5 pers.

1 kg de filet de porc / 1 cuillerée d'huile / 1 oignon / 1/2 l de vin rouge / 1 bouquet garni / 1 clou de girofle / Poivre / Genièvre / 300 g de pruneaux / 2 dl de fond lié / Persil haché / Sel, poivre.

Faire tremper les pruneaux dans un peu de vin pendant une nuit.

Dans l'autocuiseur, faire rissoler à l'huile le filet de porc assaisonné. Ajouter l'oignon piqué d'un clou de girofle, le bouquet garni et le genièvre. Mouiller au vin rouge. Fermer. Cuire 30 minutes.

Retirer le porc, passer la cuisson. Ajouter le fond et les pruneaux dénoyautés. Cuire 5 minutes.

Couper la viande et la napper avec la sauce aux pruneaux. Saupoudrer de persil haché.

Haricot de mouton à l'ancienne

Prép. : 25 mn. Cuiss. : 50 mn.
4 pers.

400 g d'épaule de mouton / 500 g de poitrine de mouton / 1 cuillerée d'huile / 30 g de farine / 1 bouquet garni / 2 oignons / 3 gousses d'ail / 3 cuillerées de concentré de tomate / 350 g de haricots blancs / Sel, poivre.

Couper la viande en morceaux. Faire blanchir les haricots. Les rincer et les remettre dans une casserole d'eau froide. Cuire 20 minutes.

Dans l'autocuiseur, faire rissoler à l'huile les morceaux de viande. Ajouter la farine. Cuire quelques instants. Ajouter les oignons ciselés, l'ail haché, le concentré de tomate et le bouquet garni. Saler, poivrer. Mouiller d'eau à hauteur. Fermer. Cuire 20 minutes.

Retirer le bouquet garni. Ajouter les haricots, mélanger délicatement le tout. Cuire à nouveau 10 minutes.

Servir dans un plat à gratin ou dans une terrine.

Irish stew

Prép. : 20 mn. Cuiss. : 40 mn.
5 pers.

1 petite épaule d'agneau / 3 oignons / 1 kg de pommes de terre (bintje) / 1 bouquet garni / Sel, poivre.

Emincer les pommes de terre et les oignons. Couper l'épaule en morceaux réguliers.

Dans l'autocuiseur, ranger par couches la viande, les pommes de terre, les oignons, le tout salé et poivré. Ajouter le bouquet garni. Mouiller à l'eau froide. Fermer. Cuire 40 minutes.

Retirer le bouquet garni et servir tel quel.

Curry d'agneau

Prép. : 30 mn. Cuiss. : 22 mn.
6 pers.

1 petite épaule d'agneau coupée en morceaux / 2 cuillerées d'huile / 1 oignon / 1 pomme / 1 banane / 20 g de curry / 20 g de farine / 2 cuillerées de concentré de tomate / 1 bouquet garni / 2 gousses d'ail / 1 dl de crème fraîche / Sel.

Ciseler l'oignon. Couper la pomme en cubes.

Dans l'autocuiseur, faire rissoler à l'huile les morceaux d'épaule. Ajouter l'oignon, la pomme, l'ail haché, le bouquet garni, le curry, la farine et la tomate. Mouiller à l'eau froide. Fermer. Cuire 20 minutes. Ouvrir, ajouter la banane coupée en petits dés. Cuire 2 minutes.

Retirer le bouquet garni. Ajouter la crème. Faire bouillir quelques instants. Vérifier l'assaisonnement et la consistance. Servir en plat creux.

Côtes d'agneau champvallon

Prép. : 30 mn. Cuiss. : 15 mn.
4 pers.

8 côtes d'agneau parées / 1 cuil. à soupe d'huile / 1 kg de pommes de terre / 200 g d'oignons / 2 gousses d'ail / Herbes de Provence / Sel, poivre / Persil.

Eplucher, laver et émincer les pommes de terre. Emincer les oignons.

Faire saisir à l'huile les côtes d'agneau salées et poivrées dans l'autocuiseur.

Retirer les côtes et faire revenir les oignons émincés à la place. Laisser suer. Ajouter les pommes de terre épluchées, l'ail et les herbes. Assaisonner. Mouiller de 2 verres d'eau. Disposer les côtes dans les pommes de terre. Fermer. Cuire 15 minutes.

Servir en plat creux en laissant les côtes sous les pommes de terre. Saupoudrer de persil haché.

Epaule d'agneau à la cuillère

Prép. : 25 mn. Cuiss. : 50 mn.
6 pers.

1 épaule d'agneau sans os / 1 oignon / 800 g de champignons / 50 g d'échalote / Herbes de Provence / 3 gousses d'ail / Sel, poivre.

Parer l'épaule en retirant l'excès de gras et le parchemin. La piquer à l'ail. Saler, poivrer, saupoudrer d'herbes et ficeler l'épaule.

Faire rissoler l'épaule dans l'autocuiseur. Lorsqu'elle est saisie de tous les côtés, ajouter l'oignon coupé en 4. Mouiller d'un verre d'eau. Fermer. Cuire 40 minutes.

Laver et couper les champignons. Ciseler l'échalote.

Ajouter dans l'autocuiseur les champignons et les échalotes. Saler. Cuire encore 10 minutes. Servir tel quel en utilisant le liquide de cuisson comme jus.

On peut remplacer les champignons de Paris par des cèpes ou des girolles.

Navarin aux pommes

Prép. : 20 mn. Cuiss. : 25 mn.
5 pers.

1 petite épaule d'agneau / 2 cuillerées d'huile / 2 oignons / 2 cuillerées de farine / 2 cuillerées de concentré de tomate / 2 gousses d'ail / 1 bouquet garni / 1 kg de pommes de terre (BF 15) / Persil haché / Sel, poivre.

Couper l'épaule en morceaux réguliers. Couper les oignons en mirepoix.

Faire rissoler à l'huile la viande assaisonnée dans l'autocuiseur. Ajouter les oignons et la farine, bien mélanger.

Ajouter le concentré de tomate, l'ail haché et le bouquet garni. Mouiller à l'eau froide. Fermer. Cuire doucement 15 minutes.

Ajouter les pommes de terre coupées régulièrement. Poursuivre la cuisson 10 minutes.

Sortir le bouquet garni. Servir tel quel. Saupoudrer de persil haché.

Artichauts

Prép. : 5 mn. Cuiss. : 12 mn.
4 pers.

4 artichauts / Sel.

Parer les artichauts en coupant le haut des feuilles et en enlevant la queue. Les laver.

Les ranger dans la cocotte, le fond en bas. Mouiller à l'eau au 1/3 de la hauteur. Saler. Fermer. Cuire 12 minutes.

Servir tiède, accompagné d'une sauce vinaigrette, mayonnaise ou verte.

Fonds d'artichaut à la crème

Prép. : 5 mn. Cuiss. : 10 mn.
4 pers.

8 fonds d'artichaut crus / 30 g de beurre / 1/2 citron / 1 pincée de sucre / 2 dl de crème / Sel.

Couper les fonds en 6 morceaux, les ranger dans l'autocuiseur. Mouiller d'eau à hauteur. Ajouter le jus d'1/2 citron, le beurre, le sucre, le sel. Fermer. Cuire 10 minutes.

Ouvrir. Ajouter la crème et cuire quelques instants afin d'épaissir la cuisson. Servir tel quel.

Asperges

Prép. : 30 mn. Cuiss. : 5 mn.
4 pers.

2 kg d'asperges blanches / Sel.

Eplucher, laver les asperges et les attacher en bottes de 500 g. Ranger les 4 bottes dans l'autocuiseur, les pointes en haut.

Mouiller à l'eau chaude en s'arrêtant avant les pointes. Saler. Fermer. Cuire 5 minutes.

Les asperges peuvent être servies froides, tièdes ou chaudes, en gratin ou accompagnées de mayonnaise, de vinaigrette ou de hollandaise.

En plat principal, accompagné de jambon, il faut compter 1 kg d'asperges par personne.

Côtes de bettes

Prép. : 10 mn. Cuiss. : 8 mn.
4 pers.

1 botte de bettes / Sel.

Retirer le vert des côtes (le vert peut être réservé et mélangé avec des épinards).

Eplucher les côtes. Les tronçonner. Les disposer dans de l'eau salée. Fermer. Cuire 8 minutes.

Ce légume peut se préparer simplement sauté au beurre, au gratin ou à la provençale.

Cardons

Prép. : 15 mn. Cuiss. : 30 mn.
4 pers.

2 kg de cardons / 2 citrons / 1 cuillerée de farine / 1 cuillerée d'huile / Sel.

Eplucher, laver et couper les cardons. Les mettre au fur et à mesure dans 1 l d'eau avec le jus d'un citron.

Dans l'autocuiseur, mettre la valeur d'1 l d'eau froide. Délayer de la farine, saler et ajouter 1 cuillerée d'huile et le jus d'un citron. Y jeter les cardons égouttés. Porter à ébullition sans le couvercle pour éviter que la farine n'attache au fond. Fermer. Cuire 30 minutes.

Ce légume peut se préparer au jus, à la moelle, au gratin.

Purée de céleri

Prép. : 15 mn. Cuiss. : 10 mn.
4 pers.

1 gros céleri-rave / 3 grosses pommes de terre (bintje) / 1/4 l de lait / 1 dl de crème fraîche épaisse / Muscade / Sel.

Eplucher et laver les pommes de terre et le céleri. Couper le céleri en cubes. Le placer dans l'autocuiseur avec les pommes de terre. Mouiller à hauteur avec de l'eau. Ajouter le lait. Saler. Fermer. Cuire 10 minutes.

Egoutter, passer au moulin à légumes et assaisonner avec la noix de muscade. Ajouter la crème.

Estouffade de bolets

Prép. : 15 mn. Cuiss. : 25 mn.
4 pers.

1 kg de bolets / 3 tranches de jambon cru fumé / 1 oignon / 30 g de beurre / 1 verre de vin blanc / 1 bouquet garni / 2 gousses d'ail / 1/4 l de bouillon de volaille.

Parer et essuyer les bolets. Les couper en morceaux réguliers. Couper le jambon en petites lanières.

Dans l'autocuiseur, faire suer au beurre l'oignon ciselé. Ajouter le jambon. Déglacer au vin blanc. Faire bouillir. Mouiller avec le bouillon. Ajouter les bolets, le bouquet garni et l'ail haché. Saler. Fermer. Cuire doucement pendant 25 minutes.

Accompagne les viandes blanches rôties.

Chou rouge aux pommes

Prép. : 10 mn. Cuiss. : 25 mn.
4 pers.

1 chou rouge moyen / 1 oignon / 2 pommes / 2 cuillerées de vinaigre de vin / 1 verre de vin rouge / 1 bouquet garni / 1 pincée de sucre / Sel.

Parer le chou, retirer le trognon et l'émincer.

Dans la cocotte, mélanger le chou et l'oignon émincé. Mouiller au vinaigre et au vin rouge. Ajouter le bouquet garni et le sucre. Assaisonner. Fermer. Cuire 20 minutes.

Ouvrir et ajouter les pommes épluchées et coupées en quartiers. Fermer. Cuire 5 minutes.

Accompagne à merveille la viande de porc.

Crosnes du Japon

Prép. : 10 mn. Cuiss. : 6 mn.
4 pers.

1 kg de crosne / 30 g de beurre / Persil / Sel.

Frotter les crosnes avec du gros sel entre les mains. Bien rincer. Les placer dans l'autocuiseur avec un peu d'eau. Saler. Fermer. Cuire 6 minutes.

Les égoutter et les faire sauter à la poêle avec du beurre. Saupoudrer de persil haché.

Peut s'accommoder à la crème, au gratin.

Frotter les crosnes avec du gros sel.

Bien les rincer.

Endives braisées ✗ ○

Prép. : 10 mn. Cuiss. : 15 mn.
4 pers.

1 kg d'endives / Le jus d'1 citron / 30 g de beurre / Sel.

Parer et laver les endives. Creuser légèrement le trognon.
Beurrer l'autocuiseur. Ranger les endives, les unes à côté des autres. Arroser de jus de citron. Saler. Mouiller d'1/3 de verre d'eau. Fermer. Cuire 15 minutes.

Une fois cuites, ces endives peuvent se servir meunières (passées au beurre), au jus (avec le jus de viande), Mornay, à la moelle etc.

Fenouil à la provençale ✗ ○○

Prép. : 15 mn. Cuiss. : 15 mn.
4 pers.

1 kg de fenouil / 2 oignons / 400 g de tomates / 2 gousses d'ail / 5 cl d'huile d'olive / 4 feuilles de basilic / Sel, poivre.

Monder, épépiner et concasser les tomates.
Parer et laver le fenouil. Couper les bulbes en 4.
Emincer les oignons et les faire suer à l'huile d'olive dans l'autocuiseur. Ranger les fenouils, ajouter l'ail ciselé et les tomates. Saler, poivrer. Fermer. Cuire 15 minutes.
Eventuellement, faire réduire un peu la cuisson. Servir saupoudré de basilic ciselé.

Peut se servir froid ou chaud.

Fèves tourangelles

Prép. : 10 mn. Cuiss. : 6 mn.
4 pers.

1 kg de fèves fraîches ou surgelés / 100 g de petits oignons / 150 g de jambon cru / 30 g de beurre / 2 œufs / Persil / Cerfeuil / Sel, poivre.

Si l'on utilise des fèves fraîches il faut les écosser, les blanchir 5 minutes à l'autocuiseur et les éplucher une à une.

Dans l'autocuiseur, faire suer au beurre les petits oignons. Ajouter les dés de jambon puis les fèves. Mouiller à hauteur avec de l'eau. Saler, poivrer. Fermer. Cuire 6 minutes.

Ouvrir, égoutter partiellement, ajouter 2 œufs battus en omelette. Servir de suite. Saupoudrer de persil et de cerfeuil haché.

On peut accommoder cette préparation à la crème, à la béchamel ou en purée.

Haricots blancs

✕ ○

Prép. : 10 mn. Cuiss. : 35 mn.
Trempage. : 1 nuit. 4 pers.

250 g de haricots blancs / 20 g de beurre / 1 oignon / 1 carotte / 2 gousses d'ail / 1 bouquet garni / 2 cuil. à soupe de concentré de tomate / Persil / Sel, poivre.

Faire tremper les haricots une nuit dans l'eau froide.

Faire fondre le beurre dans l'autocuiseur, ajouter l'oignon ciselé et la carotte coupée en petits dés. Faire suer quelques minutes. Ajouter les haricots, l'ail haché, le bouquet garni. Mouiller à hauteur. Fermer. Cuire 30 minutes.

En fin de cuisson, retirer le surplus de cuisson, lier avec la purée de tomate. Assaisonner et servir saupoudré de persil haché.

On peut remplacer le beurre par des petits lardons.

Haricots rouges

✕ ○

Prép. : 10 mn. Cuiss. : 30 mn.
4 pers.

500 g de haricots rouges / 1 oignon / 1 bouquet garni / 1 carotte / 1 clou de girofle / 1 verre de vin rouge / Sel.

Faire tremper les haricots une nuit.

Les égoutter et les mettre dans l'autocuiseur. Couvrir d'eau froide. Ajouter la carotte émincée, l'oignon piqué du clou de girofle, le vin rouge et le bouquet garni. Fermer. Cuire 20 minutes.

Saler et poursuivre la cuisson 10 minutes.

Suivant le plat d'accompagnement, on peut ajouter un morceau de lard salé lors de la cuisson.

Un légume à redécouvrir. C'est délicieux avec une viande en sauce.

Laitues braisées

Prép. : 20 mn. Cuiss. : 20 mn.
4 pers.

4 laitues / 1 morceau de couenne (facultatif) / 1 oignon / 1 carotte / 30 g de beurre / 1 bouquet garni / 1/2 l de fond blanc / Sel.

Parer les laitues et les laver. Les blanchir et bien les égoutter.

Faire suer au beurre la carotte et l'oignon coupés en rondelles. Disposer les laitues par-dessus. Ajouter le bouquet garni. Mouiller de fond blanc. Poser la couenne côté gras sur les laitues. Fermer. Cuire 20 minutes.

En fin de cuisson, couper les laitues en deux dans le sens de la longueur.

Se sert comme légume vert avec une viande en sauce.

Epis de maïs

Prép. : 10 mn. Cuiss. : 30mn.
4 pers.

4 épis de maïs / Sel.

Parer et laver les épis. Les placer dans l'autocuiseur. Recouvrir d'eau, saler. Fermer. Cuire 30 minutes.

Se mangent tièdes, accompagnés de beurre fondu.

Poireaux au vin blanc

Prép. : 20 mn. Cuiss. : 7 mn.
4 pers.

5 gros poireaux / 1 verre de vin blanc / 30 g de beurre / 30 g de farine / 1 dl de crème / 50 g de gruyère / Sel, poivre / Muscade.

Dans l'autocuiseur, faire bouillir 1 l d'eau salée. Ajouter les poireaux tronçonnés. Fermer. Cuire 7 minutes.

Préparer un roux blanc. Mouiller avec le vin blanc et une louche de cuisson de poireaux. Assaisonner. Ajouter la crème, bien faire bouillir. Passer au chinois.

Egoutter les poireaux, les placer dans un plat à gratin. Ajouter la sauce et mélanger. Saupoudrer de gruyère râpé.

Faire gratiner au four à 240 °C (th. 8).

Pois mange-tout et carottes nouvelles

Prép. : 10 mn. Cuiss. : 15 mn.
4 pers.

1 kg de pois mange-tout / 1 botte de carotte / 100 g de lard salé / 1 oignon / Sel.

Gratter les carottes. Couper le lard en lardons.

Dans l'autocuiseur, faire suer l'oignon ciselé avec le lard. Ajouter les carottes et les pois. Mouiller d'eau à hauteur. Saler. Fermer. Cuire 15 minutes.

On peut remplacer l'oignon par quelques petits oignons nouveaux.

Purée de potimarron

Prép. : 10 mn. Cuiss. : 25 mn.
4 pers.

1,5 kg de potimarron / 30 g de beurre.

Eplucher et couper le potimarron en cubes réguliers.

Placer les cubes dans le panier de votre autocuiseur. Mettre 1/2 l d'eau salée dans le fond. Fermer. Cuire 25 minutes.

Egoutter, passer au moulin à légumes. Beurrer et servir.

Le potimarron est beaucoup plus parfumé que le potiron, mais cette recette peut s'appliquer au potiron.

Riz pilaf

Prép. : 10 mn. Cuiss. : 6 mn.
5 pers.

200 g de riz / 3 dl de bouillon de poule / 30 g de beurre / 1 oignon / 1 bouquet garni.

Dans l'autocuiseur, faire suer au beurre l'oignon ciselé. Ajouter le riz. Bien mélanger afin de "nacrer" le riz, c'est-à-dire l'imprégner de beurre. Mouiller avec le bouillon. Ajouter le bouquet garni. Fermer. Cuire 6 minutes.

Cette recette est une base. Elle peut être servie telle quelle ou parfumée au paprika, au curry, au safran. elle peut aussi être accompagnée de légumes, de fromage râpé (risotto) etc.

Ratatouille

Prép. : 20 mn. Cuiss. : 25 mn.
4 pers.

2 cl d'huile d'olive / 2 poivrons / 2 gros oignons / 500 g de courgettes / 500 g d'aubergines / 5 gousses d'ail / 1 kg de tomates / 1 bouquet garni / Sel, poivre.

Monder, épépiner et concasser les tomates. Eplucher les légumes (pour les courgettes on peut laisser la peau).

Emincer les oignons et les poivrons. Hacher l'ail.

Couper les aubergines et les courgettes en rondelles ou en bâtonnets.

Dans l'autocuiseur, faire suer à l'huile d'olive, les oignons et les poivrons. Ajouter les tomates, l'ail, le bouquet garni. Cuire quelques instants. Ajouter les courgettes et les aubergines. Assaisonner. Fermer. Cuire 20 minutes.

Peut se servir froide ou chaude.

Salsifis

Prép. : 20 mn. Cuiss. : 20 mn.
4 pers.

1,5 kg de salsifis frais ou 1 kg de salsifis surgelés / 2 citrons / 1 cuillerée de farine / Sel.

Bien laver les salsifis frais à l'eau tiède. Les éplucher, les couper et les mettre aussitôt dans l'eau citronnée.

Mettre la valeur d'1 l d'eau froide dans l'autocuiseur.

Délayer la farine, saler, ajouter le jus de citron. Faire bouillir sans le couvercle. Jeter les salsifis égouttés dans le liquide bouillant. Fermer. Cuire pendant 20 minutes pour des frais, 10 minutes pour des surgelés.

Ce légume peut s'accommoder à la crème, frit, au gratin, à la provençale etc.

Poires au vin

✕ ○

Prép. : 10 mn. Cuiss. : 20 mn.
8 pers.

8 poires / 1/2 l de vin rouge / 1 bâton de cannelle (ou cannelle en poudre) / 100 g de sucre / 1 orange.

Eplucher les poires, les vider en gardant la queue.

Placer les poires debout dans l'autocuiseur. Mouiller avec le vin, ajouter le sucre, la cannelle et l'orange coupée en tranches. Fermer. Cuire 20 minutes.

Servir en coupe avec un peu de cuisson réduite.

On peut accompagner cette préparation de crème chantilly.

Pommes confites au cidre

✕ ○

Prép. : 10 mn. Cuiss. : 10 mn.
8 pers.

8 pommes / 1 l de cidre / 50 g de noix / 1 petit verre de calvados / 250 g de sucre / Cannelle.

Dans l'autocuiseur, faire bouillir le cidre et le sucre. Ajouter les pommes coupées en quatre. Fermer. Cuire 10 minutes.

Ajouter la cannelle et les noix. Cuire quelques minutes sans couvercle. Laisser refroidir.

Lorsque le mélange est presque froid, ajouter le calvados.

Peut s'agrémenter de raisins secs trempés au calvados.

Ces pommes peuvent servir de farce pour des chaussons aux pommes ou un dartois.

Crème caramel

Prép. : 10 mn. Cuiss. : 7 mn.
4-5 pers.

Base : *1/2 l de lait / 120 g de sucre / 4 œufs / 1 gousse de vanille.*
Caramel : *100 g de sucre.*

Préparer le caramel dans une casserole et en chemiser un moule à soufflé. Laisser refroidir.

Faire bouillir le lait avec la gousse de vanille fendue dans le sens de la longueur. Dans un saladier, travailler les œufs et le sucre. Ajouter le lait chaud en mélangeant. Verser dans le moule. Couvrir le moule à l'aide d'une assiette. Placer le moule dans l'autocuiseur. Mouiller au 1/3 de la hauteur. Fermer. Cuire 7 minutes.

Laisser refroidir, puis démouler.

Pudding diplomate

Prép. : 10 mn. Cuiss. : 25 mn.
5 pers.

1/2 l de lait / 3 œufs / 150 g de sucre / 100 g de brioche / 30 g de fruits confits / 1 verre de kirsch.

Faire chauffer le lait. Mélanger les œufs et le sucre. Verser le lait bouillant .

Verser l'appareil dans un moule à soufflé avec les fruits confits et les morceaux de brioche.

Poser une assiette et placer le tout dans l'autocuiseur. Remplir d'eau jusqu'au 1/3 de la hauteur. Fermer. Cuire 20 minutes.

Laisser refroidir puis démouler.

Pain au tapioca et au fromage blanc

Prép. : 10 mn. Cuiss. : 15 mn.
5 pers.

1/2 l de lait / 200 g de sucre / 150 g de tapioca / 3 œufs / 100 g de fromage blanc / 1 paquet de sucre vanillé / 1 petit verre de kirsch.

Porter le lait à ébullition, ajouter le tapioca. Cuire 5 minutes.

Mélanger les œufs, le kirsch et les sucres, les incorporer au tapioca. Ajouter le fromage blanc. Placer le tout dans un moule à soufflé. Couvrir à l'aide d'un couvercle. Poser dans l'autocuiseur. Mettre de l'eau au 1/3 de la hauteur. Fermer. Cuire 15 minutes.

Laisser refroidir avant de le déguster, éventuellement accompagné d'un coulis de fruits rouges.

Petits pains soufflés à la vapeur

Prép. : 30 mn. Cuiss. : 5 mn.
8 pers.

Pâte : *250 g de farine / 10 g de levure de boulanger / 2 œufs / 25 g de sucre / 1 dl de lait / Sel.*
Cuisson : *1/4 l de lait / 30 g de beurre / 75 g de sucre.*

Réaliser une pâte à brioche. Abaisser la pâte à 3 cm d'épaisseur.

A l'aide d'un emporte-pièce ou d'un verre, découper des pâtons ronds. Laisser pousser pendant quelques instants dans un endroit tiède.

Dans l'autocuiseur, faire chauffer le beurre. Placer les brioches puis mouiller au lait sucré. Fermer. Cuire 5 minutes.

Attention, il faudra renouveler l'opération plusieurs fois pour cuire toute la pâte.

Gâteau de riz au gingembre

Prép. : 10 mn. Cuiss. : 8 mn.
5 pers.

200 g de riz rond / 3 dl de lait / 75 g de sucre / 2 œufs / 1 paquet de sucre vanillé / 1 petit morceau de gingembre.

Faire blanchir le riz. Bien le rincer. Porter le lait à ébullition dans l'autocuiseur. Ajouter le riz. Fermer. Cuire 8 minutes.

Mélanger les jaunes d'œufs, le sucre, le sucre vanillé et le gingembre râpé.

Lorsque le riz est cuit, ajouter hors du feu le mélange œuf, sucre. Bien mélanger. Refaire chauffer quelques instants.

Dresser dans un moule à soufflé légèrement beurré.

Peut s'accompagner de fruits au sirop.

TABLE DES RECETTES

Les garnitures

Les desserts

Dépôt légal 3e trim. 1993 n° 2 052

ISBN 2-7372-2068-8
Imprimé en C.E.E.